I0170054

Que Yo Te Pueda Conocer

KAY ARTHUR
DAVID LAWSON

Excepto donde así se indique, las citas bíblicas incluidas en este libro son de la Nueva Biblia Latinoamericana de Hoy.
Copyright © 2005 by The Lockman Foundation. Usadas con permiso. www.nblh.org

Excepto donde se indique, todos los mapas y cuadros en este libro, al igual que la sección de "Cómo Empezar" en la introducción, han sido adaptados y condensados de la *Biblia de Estudio Inductivo* © 2005.

ISBN 978-1-62119-177-3

Este libro fue publicado en inglés
con el título THAT I MAY KNOW HIM
por Harvest House Publishers
1997 por Ministerios Precepto

QUE YO TE PUEDA CONOCER

Copyright © 2016 reservados todos los derechos. Ninguna parte de esta publicación puede ser reproducida, almacenada en un sistema de recuperación, o transmitida en cualquier forma o por ningún medio - electrónico, mecánico, digital, fotocopia, grabación u otros- excepto para breves citas en revisiones impresas, sin el permiso previo del editor.

Precepto, Ministerios Precepto Internacional, Ministerios Precepto Internacional Especialistas en el Método de Estudio Inductivo, la Plomada, Precepto Sobre Precepto, Dentro y Fuera, ¡Más Dulce que el Chocolate! Galletas en el Estante de Abajo, Preceptos para la Vida, Preceptos de la Palabra de Dios y Ministerio Juvenil Transform son marcas registradas de Ministerios Precepto Internacional.

2016, Edición Estados Unidos

Contenido

∽∽∽∽

Cómo Empezar...

Estás por iniciar un estudio que transformará tu enfoque, entendimiento y comprensión acerca de la Palabra de Dios.

Conforme trabajes a través de este libro, existen varias cosas que te ayudarán en tu estudio y así obtener lo más que puedas durante tu tiempo de estudio.

PRIMERO: Herramientas de Estudio

1. Una Biblia: que estés dispuesto a marcar. Ya que el marcar es esencial e importante en el proceso del aprendizaje y te ayudará a recordar y retener lo que has aprendido.

2. Un bolígrafo de punta fina y lápices de color para escribir en tu Biblia.

3. Un Cuaderno de Notas para poder trabajar tus tareas y anotar tus observaciones.

SEGUNDO: Sugerencias de Cómo Estudiar

1. Conforme estudies Filipenses y Colosenses, encontrarás instrucciones específicas para cada día de estudio. El estudio te tomará de 15 a 25 minutos al día. Sin embargo, si encuentras que las lecciones son muy largas, simplemente haz lo que puedas. Hacer poco es mejor que

no hacer nada. No seas de "todo o nada" cuando se trata de estudiar la Biblia.

2. Al leer cada capítulo, haz las seis preguntas básicas ¿Quién? ¿Qué? ¿Cómo? ¿Cuándo? ¿Dónde? ¿Por qué? El hacer preguntas como estas te ayudará a ver exactamente lo que la Palabra de Dios te está diciendo.

 a. ¿De **Qué** trata él capítulo?

 b. ¿**Quiénes** son los personajes principales?

 c. ¿**Cuándo** sucede u ocurre este evento o enseñanza?

 d. ¿En **dónde** sucede?

 e. ¿**Por qué** se esta diciendo?

 f. ¿**Cómo** sucedió?

3. Observa y marca las palabras clave. Una **palabra clave** es una palabra importante utilizada repetidas veces por el autor para poder transmitir su mensaje al lector, señalando su importancia. Algunas aparecen a través de todo el libro, mientras que otras en secciones o capítulos específicos.

Cuando marques una palabra clave marca también sus sinónimos (palabras que tienen el mismo significado dentro de un contexto en particular) y cualquier pronombre (tales como *él, de él, ella, de ella, nosotros, nuestro, ellos*) de la misma manera que has marcado la palabra clave. Te daremos varias ideas y sugerencias en las tareas diarias de cómo podrás marcarlas. Éstas solamente son sugerencias. Marca las palabras de la manera que desees.

NOTA: Hemos identificado las Palabras clave en la versión de la Nueva Biblia Latinoamericana de Hoy. Si estas utilizando la Versión Reina Valera o la Nueva Versión Internacional, la traducción de las palabras podrían variar. Si un número aparece a un lado de la Palabra clave, su equivalente se encuentra al final del libro.

Marcar las palabras clave para distinguirlas fácilmente, puede ser con colores, símbolos o la combinación de ambos, por ejemplo: Una de las palabras clave de Filipenses es *gozo*, podrías dibujar un cuadro alrededor de ella así $\boxed{\textbf{gozo}}$ y colorearlo de anaranjado. Cuando marcas las palabras clave de la misma manera a través de tu Biblia, tienes conciencia instantánea de su presencia a lo largo de las Escrituras.

Cuando empiezas a marcar las palabras clave, es fácil olvidar como las has marcado. Quizás quieras utilizar una tarjeta índice como separador de páginas y escribir en ella estas palabras.

4. Ya que los lugares geográficos son importantes en las epístolas (o cartas), márcalos también. Talvez quieras anotarlo en tu separador de palabras clave para poder recordarlo. Los mapas están incluidos en el estudio, así que podrás buscar lo sitios por lo cuales Pablo viajó. Esto te ayudará a ubicar sus cartas dentro del contexto geográfico.

5. Los cuadros titulados PANORAMA GENERAL DE FILIPENSES y PANORAMA GENERAL DE COLOSENSES, están localizados al final de cada estudio. Conforme vayas completando tu estudio de cada capítulo de las Escrituras, anota el tema principal en el cuadro apropiado. El tema del capítulo es una breve descripción o resumen de la idea principal de cada evento discutido. Anotar los temas principales te ayudará a recordar el tema principal de cada capítulo. También te dará el panorama o resumen del libro cuando hayas terminado tu estudio.

6. Cada día, conforme vayas terminando cada lección, toma un poco de tiempo para pensar en lo que has leído, pídele al Padre Celestial que te indique cómo aplicar esto a tu propia vida. Tal vez quieras hacer un diario en tu cuaderno de notas como "Lecciones la Vida" (LPV).

7. Es importante iniciar tu estudio con oración. No empieces sin ella. Pídele a Dios que permita que el Espíritu Santo suavice tu corazón para que puedas oír Su voz y que te enseñe las verdades de Su Palabra conforme vayas estudiando.

TERCERO: La Estructura del Estudio

Este estudio está diseñado de tal forma que hay una tarea para cada día de la semana. Lo cual te lleva a la Palabra de Dios diariamente, notarás que el Séptimo Día de cada semana tiene características diferentes.

Aquí encontrarás uno o dos versículos de esa semana de estudio para memorizar y por lo tanto *GUARDARLO EN TU CORAZÓN.* Te ayudará a enfocar la principal verdad de tu estudio de esa semana.

Preguntas para la Discusión o Estudio Individual

Buscar respuestas a las preguntas te ayudará a razonar a través de algunos puntos clave durante el estudio. Asegúrate que las respuestas que des estén basadas en la Biblia misma. Antes de decidir lo que significa el pasaje de las Escrituras, observa bien a la luz de su contexto. El contexto del pasaje es simplemente la Escritura que le precede y le sigue al pasaje que te encuentras estudiando. Si encuentras un pasaje difícil de entender, reserva tu interpretación hasta que puedas estudiar el contexto con más profundidad.

Pensamiento para la Semana

Esta sección te ayuda a aplicar lo que has aprendido. Aquí surgirá un poco de nuestra teología inevitablemente. No pretendemos que estés de acuerdo con nosotros. Confiamos que meditarás en lo que se está diciendo, a la luz del contexto de la Palabra de Dios y luego determinarás lo que crees.

¿Estás listo? Es hora de empezar tu estudio y unirte a miles de personas que están impresionadas de cómo Dios ha enriquecido su relación con Él y profundizado su entendimiento de Su Palabra a través del estudio de las Escrituras. Que Dios abra los ojos de tu entendimiento para que puedas ver las maravillas de Su Palabra. Recuerda, estudiar o no estudiar es un asunto de elección primeramente y segundo de disciplina. Es un asunto del corazón, ¿en qué o en quién lo estás poniendo? Diviértete en tu estudio, porque estás por conocer y ser recordado de Quién es el que te ama...

FILIPENSES

Conocerlo a Él es Conocer El Gozo

ℬℬℬℬ

La vida es difícil. Algunas veces está llena de dolor y traición y si no de traición entonces por lo menos la tensión de las relaciones interpersonales que pueden dividirnos y separarnos de lo que más necesitamos, amor incondicional y la comunión con los demás.

Algunas veces las circunstancias parecen tan difíciles, tan duras y tan limitantes que pareciera como vivir en una prisión con barrotes invisibles y una puerta atascada por el óxido.

Pero... a pesar de todo y de lo que encuentres en tu camino, ¿te has dado cuenta que puedes obtener gozo incondicional? Este es el mensaje del libro de Filipenses. Durante las seis semanas de estudio, descubrirás por ti mismo cómo obtener el gozo, sin importar las circunstancias de tu vida.

Así que sin importar cuál fuere el costo en el caminar hacia la disciplina para mantenerte en tu estudio, hazlo, ¡Te aseguramos que valdrá la pena!

SER CAPAZ DE DECIR "EL VIVIR ES CRISTO", Y ¡CREERLO!

ഏ ഏ ഏ ഏ

¿Qué tan importante es compartir el evangelio? ¿Lo suficiente como para ir a prisión si es necesario? ¿No sería maravilloso que tu corazón esté puesto en Cristo y en la defensa de Su evangelio?

ഏ ഏ

PRIMER DÍA

Cuando estudias un libro de la Biblia, debes primero observar el contexto para poder ver exactamente lo que dice. Una minuciosa y cuidadosa observación es la clave para usar la Palabra de Dios correctamente, como dice 2 Timoteo 2:15. Si aprendes a manejarla con precisión, no serás avergonzado cuando veas al Señor cara a cara. Recuerda, es la Palabra de Dios no del hombre y debes respetarla como tal.

Tu tarea para hoy es leer Filipenses, para obtener una visión general del contenido de esta carta.

Haz una sección en tu cuaderno de notas titulada PANORAMA GENERAL DE FILIPENSES, necesitarás varias páginas, podrías escribir como subtitulo MIS PRIMERAS IMPRESIONES SOBRE FILIPENSES, luego conforme vayas leyendo, nota quién escribe esta epístola y a quiénes.

Cuando hayas terminado, toma unos minutos para anotar cualquier impresión general sobre este libro. Por primeras impresiones queremos decir:

¿Qué clase de carta es esta?

¿Por qué se escribió, (las circunstancias o la ocasión)?

¿Cuál es el ambiente? ¿Instructivo, alentador, amonestación, advertencia, corrección?

¿Qué pareciera que está sucediendo?

¿Cuál es el propósito de esta carta?

En varias ocasiones el propósito no es obvio en la primera lectura, pero saldrá a luz cuando profundices en el texto.

Segundo Día

Cuando observas un libro de la Biblia, debes empezar por lo más obvio, generalmente las personas mencionadas, por lo tanto, hoy debes leer el primer capítulo de Filipenses y colorear o subrayar cada referencia al autor en un color específico, por ejemplo: Colorea o subraya cada referencia en azul, incluyendo los pronombres tales como *Yo, mi, o nosotros*.

Al terminar, mira cada referencia que has marcado y luego en tu cuaderno de notas empieza una lista sobre lo que has aprendido acerca del autor (es) de esta epístola, titúlala CARACTERÍSTICAS ACERCA DEL AUTOR.

Por el momento no anotes todos los detalles de lo que está diciendo a los filipenses que hagan porque lo estudiaremos más adelante. Simplemente anota las características relacionadas con Pablo como persona. Por ejemplo, anota quién es él, dónde está, por qué está ahí, qué está ocurriendo o qué sucedió antes. El hacer esto te ayudará a descubrir el contexto histórico de esta epístola, cuándo fue escrita y qué ocurría en esos tiempos.

También busca alguna pista del por qué él escribe esta carta. Por ejemplo: ¿Indica el versículo 9 y el 27 la preocupación que él siente?, si es así, haz una lista en tu cuaderno de notas titulada POSIBLES RAZONES POR LAS QUE ESCRIBE, luego anota tus observaciones en esta columna. (Encontrarás mas razones conforme continúes estudiando las siguientes semanas).

Conforme anotes tus observaciones, fíjate en el capítulo y el versículo de donde has obtenido tu información. Cuando hayas terminado, piensa sobre lo que puedes aprender de los ejemplos del autor para tu propia vida.

TERCER DÍA

Lee Filipenses 2 nuevamente coloreando las referencias al autor y anota tus observaciones en el cuaderno de notas como lo hiciste ayer.

CUARTO DÍA

Lee Filipenses 3 y una vez más, marca cada referencia a Pablo. Sin embargo, no tomes tiempo para hacer la lista de lo que has aprendido acerca de Pablo, ya que será de mucho detalle y te tomará mucho tiempo. Reservaremos este ejercicio para la Cuarta Semana de nuestro estudio de Filipenses, cuando sea de más significado por el contenido del capítulo. Deja suficiente espacio para agregar más observaciones posteriormente.

QUINTO DÍA

¡Lo has adivinado! Nuevamente marca cada referencia a Pablo conforme leas el capítulo 4. Enumera lo que has aprendido acerca de Pablo en 4:21,22. Cuando hayas terminado tu tarea, revisa la lista y todo lo que has anotado acerca del autor de Filipenses.

¿Qué has aprendido en tu lista acerca de Pablo? Obsérvala cuidadosamente y mira si te dice algo acerca de Pablo, dónde se encuentra y por qué esta allí, quién está con él, bajo qué circunstancias y por qué está escribiendo. Todas estas son preguntas importantes para tu estudio de Filipenses.

Lo que estás haciendo al revisar tus respuestas acerca de Pablo es hacer las seis preguntas básicas: ¿Quién? ¿qué? ¿cómo? ¿cuándo? ¿dónde? y ¿por qué?

Al considerar todo lo que has observado del contexto en general de Filipenses, ¿cuál crees es el tema principal de esta carta? En otras palabras, ¿de qué trata? ¿Qué ideas y frases se repiten? ¿Cuál es el deseo de Pablo para los Filipenses? Anota el tema principal en tu cuadro del PANORAMA GENERAL DE FILIPENSES, de la página 45.

Anota tus observaciones en la sección de visión general de tu cuaderno de notas.

SEXTO DÍA

Hoy obtendremos un trasfondo histórico de la relación de Pablo con los Filipenses. Lee Hechos 15:36-17:1, el cual relata sobre la primera visita de Pablo a Filipos durante su segundo viaje misionero (mencionado en Hechos 15:36-18:22).

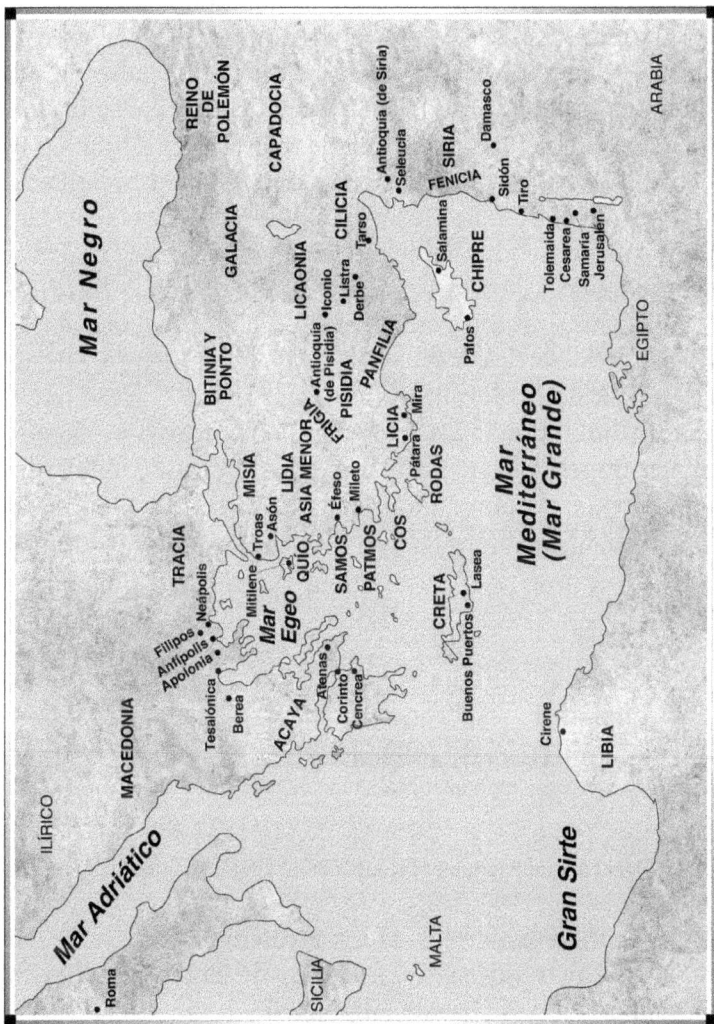

Observa el mapa de las regiones que Pablo visitaría eventualmente en su tercer viaje misionero y conforme vayas leyendo Hechos 15:36-17:1, traza la ruta que tomó en su segundo viaje que lo guió hasta Filipos.

Después de su tercer viaje misionero, Pablo regresó a Jerusalén en donde fue arrestado. Después de haber estado prisionero por el Imperio Romano en Cesarea, Pablo apela a César como ciudadano romano y lo envían a Roma. Lee Hechos 28:16-30 y observa en dónde se encontraba Pablo al terminar el libro de Hechos. ¿Cómo se compara esto con lo que has aprendido al leer en Filipenses acerca de Pablo esta semana? (Observa cuidadosamente Hechos 28:16).

Encontrarás un cuadro titulado CRONOLOGÍA DE EVENTOS EN LA VIDA DE PABLO DESPUÉS DE SU CONVERSIÓN, localizado en la página 17. Examina el cuadro observando los años que Pablo estuvo prisionero por el Imperio Romano y las fecha de cuando Filipenses fue escrito. Anota esta información en tu cuadro del PANORAMA GENERAL DE FILIPENSES en la página 45.

Séptimo Día

Guarda en tu corazón: Filipenses 1:21.
Lee y Discute: Filipenses 1:12-26; 4:13-23.

Preguntas para la Discusión o Estudio Individual

∽ ¿Cuales son algunas de tus primeras impresiones que has registrado en tu cuaderno de notas, después de haber leído el libro de Filipenses?

Cronología de Eventos en la Vida de Pablo Después de Su Conversión*

*Hay diferentes opiniones sobre estas fechas. Este cuadro servirá como referencia para las fechas relacionadas con la vida de Pablo.

Cita	Año d.C.	Evento
Hechos 9:1-25	33-34	Conversión, permanencia en Damasco
	35-47	Algunos años de silencio, sólo sabemos que Pablo:
Gál. 1:17		1. Pasó tiempo en Arabia y Damasco
Hechos 9:26; Gál.1:18		2. Hizo su primera visita a Jerusalén
Hechos 9:30-11:26; Gál.1:21		3. Fue a Tarso, área de Siria-Cilicia
Hechos 11:26		4. Estuvo con Bernabé en Antioquía
Hechos 11:30		5. Con Bernabé llevó ayuda a los hermanos de Judea e hizo su segunda visita a Jerusalén
Hechos 12:23	44	Muere Herodes Agripa
Hechos 12:25		Regresó a Antioquia; fue enviado con Bernabé por la iglesia de Antioquía
Hechos 13:4-14:26	47-48	**Primer viaje misionero:** *Escribe Gálatas(?)*
		El procónsul Sergio Paulos en Patmos se puede fechar
Hechos 15:1-35	49	Concilio Apostólico de Jerusalén - Pablo visita Jerusalén (comparar Hechos 15 con Gálatas 2:1)
Hechos 15:36-18:22	49-51	**Segundo viaje misionero:** *Escribe 1 y 2 Tesalonicenses* - Estuvo año y medio en Corinto, Hechos 18:11
Hechos 18:23-21:17	51-52	Se sabe que Galio era procónsul en Corinto
	52-56	**Tercer viaje misionero:** *Escribe 1 y 2 Corintios y Romanos,* probablemente desde Éfeso
Hechos 21:18-23	56	Pablo va a Jerusalén y es arrestado; detenido en Cesarea.
Hechos 24-26	57-59	Comparecencias ante Félix y Drusila; ante Festo; apela al César, ante Agripa - se puede fechar
Hechos 27-28:15	59-60	Llevado desde Cesarea hasta Roma
Hechos 28:16-31	60-62	Primer encarcelamiento en Roma. *Escribe Efesios, Filemón. Colosenses y Filipenses* - 2 años en prisión
	62	Pablo es puesto en libertad; posible viaje a España
	62	Pablo en Macedonia: *Escribe I Timoteo*
	62	Pablo va a Creta: *Escribe Tito*
	63-64	Pablo llevado a Roma y encarcelado allí: *Escribe 2 Timoteo*
	64	Pablo está ausente del cuerpo y presente con el Señor (*Otros sitúan la conversión de Pablo alrededor de año 35 d.C., y su muerte en 68 d.C.*)

14 años. Gálatas 2:1

3 años

∽ ¿Qué has aprendido acerca del apóstol Pablo al marcar las referencias sobre él en esta epístola? Si estás utilizando este libro en grupo y tienen un pizarrón blanco o un proyector de acetatos, anota las observaciones de la clase para que todos puedan verlas. (Recuerda, todas tus observaciones deberían ser del libro de Filipenses y así la clase podrá respaldar sus respuestas con las Escrituras).

∽ ¿Qué has aprendido sobre la primera visita de Pablo a la ciudad de Filipos? ¿En dónde está localizada la ciudad, en qué país?

∽ ¿Cómo fue establecida la iglesia en Filipos?
   a. ¿Cuáles son los eventos que la rodean?
   b. ¿En dónde encontró Pablo sus primeros seguidores?
   c. ¿Cuánto tiempo permaneció en Filipos ?
   d. ¿Por qué se fue?

∽ ¿Dónde se encontraba Pablo cuando escribió la epístola a los Filipenses?
   a. ¿Cuál fue el propósito de Pablo al escribir la carta a los Filipenses?
   b. Discute los versículos que te dan estas enseñanzas.

∽ ¿Qué has aprendido acerca de Pablo esta semana, que quieras aplicar en tu propia vida?

PENSAMIENTO PARA LA SEMANA

¿No sería maravilloso vivir de tal manera, confiando y diciendo las palabras mencionadas por el apóstol Pablo "Pues para mí, el vivir es Cristo y el morir es ganancia"

(Filipenses 1:21)? ¿No sería maravilloso saber que tu vida ha sido utilizada para defensa del evangelio?

Sabemos por medio de 1 Corintios 9:24-27 y 2 Corintios 5:10 que Pablo estaba consciente de su responsabilidad con el Señor. Pablo fue escogido por Dios para proclamar el evangelio a los judíos y los gentiles. Él sabía que era un siervo de los misterios de Dios y ordenó su vida de acuerdo a ello. El Señor Jesucristo y Su glorioso evangelio fueron el centro de la vida de Pablo e hizo que todo momento y situación contaran. Debemos entonces asumir que si Dios se hubiera llevado a Pablo al cielo durante su primer encarcelamiento por el Imperio Romano, no hubiera sentido vergüenza.

Si la pasión de Pablo, como afirma en Filipenses 1:20, se convierte en nuestra pasión, entonces tendríamos la misma confianza. Piensa en estas palabras, medítalas, piensa en ellas durante la semana; utilízalas como punto de referencia en todo lo que hagas y observa cómo afecta tus decisiones, tus respuestas y tu relación con otros y con Dios.

"Conforme a mi anhelo y esperanza de que en nada seré avergonzado, sino que con toda confianza, aun ahora como siempre, Cristo será exaltado en mi cuerpo, ya sea por vida o por muerte" (Filipenses 1:20).

¿Es La Felicidad Posible a Pesar Que Me Siento Prisionero Por Las Circunstancias?

ॐॐॐॐ

¿Te molesta cuando las personas te rechazan por tu fe, cuando te ridiculizan, hablan de ti a tus espaldas, te ignoran o te hacen a un lado cuando se trata de reconocerte en el trabajo o dentro de tu comunidad? ¿Te duele o te enoja o te hace preguntar qué estás haciendo mal? ¿Acaso este dolor o persecución hace que no seas tan abierto acerca de tu fe? Aguanta, persevera, mantente firme, hay una respuesta para tu problema y ésta semana la descubriremos.

ॐॐ

Primer Día

Lee Filipenses 1 nuevamente marcando en forma distinta, con un segundo color, las referencias a los Filipenses. Asegúrate de marcar los pronombres y sus sinónimos tales como *santos* y *hermanos*. Luego, cuando hayas terminado, haz una nueva sección en tu cuaderno titulada CARACTERÍSTICAS ACERCA DE LOS FILIPENSES y anota lo que has observado acerca de ellos en este capítulo.

⁓ ⸙ ⸕
Segundo Día

Cuando iniciamos nuestro estudio, te mencionamos que las referencias a las personas era lo más fácil de ver dentro del texto de un libro de la Biblia. Conforme leas el primer capítulo ¿quién además de Pablo es mencionado más que cualquier otro? Cuando descubras esto, marca cada referencia a Él de manera resaltada o con un símbolo.

⁓ ⸙ ⸕
Tercer Día

Leer el libro de Filipenses te enseñará que el Señor Jesucristo es el punto central de esta breve epístola.

Existen varias palabras clave utilizadas a través de esta carta a los Filipenses que querrás marcar conforme observes su contenido. Si aun no has leído la sección "Cómo Empezar" al inicio de este libro, será beneficioso que lo hagas antes de continuar. Allí te explicamos lo valioso que es marcar las palabras clave: *gozo*[1] (*regocijar*), *sentir*[2], (*actitud*)[3] y *evangelio*. Otra palabra que sería bueno marcar es *prisión*.[4] Escoge una forma o color distinto para marcar estas palabras. Luego en tu separador o tarjeta anota tu lista de colores. Cuando hayas terminado con tu separador o tarjeta, lee Filipenses 1 y marca cada mención de estas palabras.

⁓ ⸙ ⸕
Cuarto Día

Cuando leemos nuestra Biblia nos gusta marcar las referencias a *orar* (*oración*), *súplica*,[5] en forma distinta, ya que deseamos aprender lo que dice la Biblia sobre la oración. Como todas las doctrinas de hombres y mujeres, algunas veces enseñan ideas sofisticadas en cuanto a la oración, que pueden ser contrarias a lo que nos dicen las Escrituras o que no sonmencionadas en la Palabra de Dios. Por esto es bueno que aumentes tu conocimiento en cualquier tema que nos enseña la Palabra de Dios a través de sus páginas.

Hoy, descubriremos lo que Filipenses 1 nos enseña sobre el tema de la oración; escoge la manera que deseas marcar las referencias a la oración a través de toda tu Biblia, luego marca las referencias en Filipenses 1 de igual manera.

(A propósito, es probable que desees dejar una porción de las páginas en blanco de tu Biblia ya sea adelante o atrás, para anotar las palabras clave que desees marcar continuamente en tu Biblia. Esto te servirá no solo para anotar la palabra, sino para también saber cómo la has marcado y tenerla siempre como recordatorio).

Cuando hayas terminado, escribe en tu cuaderno de notas lo que has aprendido acerca de la oración en este capítulo. Luego conforme vayas finalizando tu estudio, utiliza la oración de Pablo en Filipenses 1:9-11, para pedir por aquello que Dios pone en tu corazón.

QUINTO DÍA

Lee Filipenses 1:12-26. ¿Qué has aprendido sobre las circunstancias de Pablo en este pasaje? ¿Qué está ocurriendo? Anota tus observaciones en tu cuaderno. Conforme lo hagas, observa la respuesta de Pablo. Y nota como esta tratando la situación y por qué. ¿Quién y qué es la pasión de Pablo?

En tu cuaderno de notas, registra lo que has aprendido acerca de Jesucristo al marcar las referencias a Él en 1:1-26.

Luego lee 1 Corintios 15:1-11 recordando que 1 Corintios fue también escrita por Pablo.

De este pasaje, ¿cuáles dirías que son los puntos principales del evangelio que hemos aprendido en Filipenses y que Pablo está decidido defender? Escribe estos puntos en tu cuaderno de notas.

ɷ

SEXTO DÍA

En 1:27-30, Pablo da instrucciones a la iglesia en Filipos. Anota lo que has aprendido en estos versículos. ¿Qué están haciendo y por qué?

En tu cuaderno de notas, escribe lo que has observado del capítulo 1 al marcar la palabra *evangelio* y *gozo*. ¿Qué has aprendido sobre estas dos? ¿Cuál es su ministerio hacia ti?

Al haber pasado una semana observado Filipenses 1, ¿cuál dirías que es el tema principal o enseñanza de este capítulo? Anota tus observaciones de este capítulo en el cuadro del PANORAMA GENERAL DE FILIPENSES en la página 45, en el espacio correspondiente al capítulo 1.

ɷ

SÉPTIMO DÍA

Guarda en tu corazón: Filipenses 1:29.
Lee y discute: Filipenses 1; 1 Corintios 15:1-11.

PREGUNTAS PARA LA DISCUSIÓN O ESTUDIO INDIVIDUAL

∿ ¿Qué has aprendido de marcar la palabra *evangelio* en Filipenses 1? ¿Quién es el centro del evangelio? ¿De qué trata el evangelio de Jesucristo? Si vas a compartir el evangelio, ¿cuál es el punto central del mensaje mencionado en 1 Corintios 15:1-11?

ꙮ De acuerdo con Filipenses 1:27-30, ¿cuál era la preocupación de Pablo con respecto al evangelio? ¿Qué has aprendido en el capítulo 1 sobre la aceptación del evangelio en Filipos?

ꙮ En Filipenses 1:27-30, ¿qué puedes observar que acompaña la salvación en Jesucristo? ¿Has experimentado esto como cristiano? ¿Cómo lo manejaste? En este versículo en particular, ¿cuál es la posición de Pablo en cuanto a la iglesia?

ꙮ Al leer Filipenses 1 ¿qué has aprendido acerca de Pablo y cuál fue el precio por defender el evangelio de Jesucristo?

ꙮ ¿Qué has aprendido de Filipenses 1 que pueda ayudar a Pablo a estar firme en su sufrimiento por el evangelio? ¿Cuál fue la petición de Pablo a los Filipenses?

ꙮ ¿Que aprendiste acerca de la oración?   ¿Cuál es el aspecto más difícil de la oración para ti?

ꙮ Has marcado las palabras clave *gozo* (*regocijar*) esta semana. ¿Qué has aprendido de ello en este capítulo?

ꙮ Al estudiar Filipenses 1 ¿qué fue lo que tuvo mayor impacto en ti?

PENSAMIENTO PARA LA SEMANA

Como pudimos observar claramente durante esta semana de estudio, el sufrimiento es un regalo del Señor, un regalo que acompaña a la salvación, por lo tanto es algo que debemos esperar. Debemos recordar, que estamos viviendo en los postreros tiempos que iniciaron con la venida del

Señor a la tierra. Ya que nos encontramos en los últimos días, ¿podremos realmente evitar el sufrimiento cuando el reino de Dios contrasta con el reino del mal? El reino del mal y su gobernante antiguo, la serpiente, quien es el diablo, Satanás, va por allí como león rugiente buscando a quien devorar.

Sin embargo, a pesar de que el león ruge, no debemos temer. El León de la tribu de Judá como Cordero de Dios lo venció cuando pagó el precio por nuestros pecados.

De acuerdo con Hebreos 2, cuando Jesucristo se convirtió en tu Salvador y todos tus pecados fueron quitados de tu cuenta, el diablo, quien tenía el poder de la muerte por nuestro pecado, fue derrotado. El pecado le dio a Satanás su poder pero, la sangre de Cristo se lo quitó.

El aguijón de la muerte ha sido quitado. Jesús mantiene la llave de la muerte y el infierno. Por lo tanto, recuerda que a pesar de que te es dado que sufras por causa de Cristo, debes pararte firme. No estás solo, Jesús esta a la puerta, pronto vendrá para llevarte a casa, Él es quien inicia en ti el trabajo de la salvación, la perfeccionará hasta el día de Jesucristo. El sufrimiento es parte de Su perfecta obra. Así que vive sinceramente y sin culpa hasta el día del Señor, llénate del fruto de la sabiduría, la cual viene de Jesucristo.

¡CUIDADO CON ESA ACTITUD!

∾∾∾∾

Actitudes — todos las tenemos, pero las malas son las difíciles de manejar, ¿verdad? Ya sean nuestras o las de alguien más, ¿qué respuesta damos a las actitudes groseras y egocéntricas?

PRIMER DÍA

Conforme des inicio a tu estudio, pídele a Dios que te ayude a entender como Él desea que te comportes con los demás.

Lee Filipenses 2 y al irlo haciendo, marca las palabras clave de tu separador.

Si tomas tiempo para leer en voz alta Filipenses 2, te ayudará a memorizar el contenido de este capítulo, archivándolo en tu memoria para que cuando sea necesario te sea fácil recordarlo.

SEGUNDO DÍA

Lee Filipenses 2 nuevamente y marca cada referencia hecha a *Jesucristo* nuestro *Señor*; Él es tu guía para mantener una buena actitud. Observa también los pronombres (*Él, Él mismo, quién* si se refiere a Cristo) y márcalas de la misma manera.

Luego marca cada referencia al *Espíritu Santo* de una forma resaltada. Es buena idea marcar de la misma manera a través de toda tu Biblia. El hacer esto y tomar nota cuidadosamente de lo que has aprendido, te ayudará a aprender a reconocer las enseñanzas erróneas acerca del Espíritu Santo.

Tercer Día

Lee en voz alta Filipenses 2 y marca las referencias a los Filipenses.

Cuarto Día

Lee Filipenses 2 otra vez cuidadosamente, notando cada lugar en que has marcado una referencia a los Filipenses. Al utilizar tu lista que iniciaste en el capítulo 1, anota tus observaciones acerca de ellos en el capítulo 2. Conforme vayas leyendo el capítulo, busca cualquier instrucción que Pablo les haya dado que no hayas notado antes, en algunos versículos él y ustedes es utilizado refiriéndose a los Filipenses, el cual se asume o sobreentiende. Por ejemplo en el versículo 2 dice: "Hagan completo mi gozo", la instrucción correcta del ustedes no se encuentra, pero se sobreentiende. Por lo tanto, esta es una instrucción que pudiste haber pasado por alto si simplemente buscas cada lugar donde Pablo se dirige directamente a los Filipenses por nombre. No olvides escribir estas "citas" (capítulo y versículo) en donde has encontrado la información y luego coloca una estrella a un lado de cada instrucción presentada a la iglesia Filipense.

Cuando hayas terminado, piensa en tu propia vida, ¿piensas que estas instrucciones se aplican a tu vida como hijo de Dios?

ഏൗ

Quinto Día

¡Lo has adivinado, lee Filipenses 2 de nuevo! (Realmente vas a conocer este libro, ¿verdad?).

Observa que Pablo menciona a dos hombres más en este capítulo: a Timoteo y a Epafrodito. Marca cada referencia a ellos de manera distinta y anota en tu cuaderno lo que has aprendido de cada uno.

¿A quién tomaron como modelo? ¿Puedes aprender algo de ellos? ¿Que clase de actitud tomaron estos hombres?

ഏൗ

Sexto Día

Observa cada referencia acerca del Señor Jesucristo que has marcado anteriormente en Filipenses 2 y anota en tu cuaderno lo que has aprendido acerca de Jesucristo. Esta es la verdad, una verdad que nunca cambiará, nunca será alterada, puedes estar seguro de ello.

¿Observaste la frase, "El día del Señor" en el versículo 16? También es utilizada en Filipenses 1:6,10. Márcala en una forma resaltada, haciendo una nube a su alrededor como esta: **el día del Señor** y luego coloréala de una color en especial.

El día del Señor es probable que se refiera a cuando Jesús vendrá por los suyos y los lleve a los cielos y luego los presente ante el "tribunal de Cristo". Si deseas indagar más sobre este tema, lo encontrarás en: 1 Tesalonicenses 4:13-18; 1 Corintios 15:51-54; 2 Corintios 5:10 y Romanos 14:10-12.

Anota el tema principal que hemos cubierto en el capítulo 2 en el cuadro PANORAMA GENERAL DE FILIPENSES localizado en la página 45.

∽∂∾

Séptimo Día

Guarda en tu corazón: Filipenses 2:5-8; o si esto es mucho, memoriza Filipenses 2:3,4.

Lee y Discute: Filipenses 2:1-17.

Preguntas para la Discusión o Estudio Individual

∽ Una de las palabras de tu separador que has marcado esta semana fue *mente* o *actitud*. ¿Qué has aprendido al marcar estas palabras? ¿Qué deseaba Pablo que los Filipenses hicieran?

∽ De acuerdo con Filipenses 2:1, ¿qué ha encontrado todo hijo de Dios o recibido por pertenecer al Señor Jesucristo? ¿Cómo se relacionan Filipenses 2:2 con el 2:1? ¿Cuál es el punto que trata de señalar Pablo?

∽ ¿Cómo eran la mente y la actitud de Cristo? De acuerdo con Filipenses 2:5-8, ¿cómo se manifiesta esta actitud? ¿Qué respuesta dio Dios?

∽ ¿Cómo puede demostrar esta actitud una persona, la actitud de Cristo en su diario vivir? ¿Cómo te ayudan los versículos 3 y 4 a responder esta pregunta?

∽ ¿Te has encontrado alguna vez en la situación de poder demostrar la actitud de Jesus y no pudiste hacerlo? ¿Es un hábito tuyo tomar lo que Filipenses 2:1 dice que tienes "en Cristo" y compartirlo con otros? ¿Has aprendido algo que te pueda ayudar?

∾ ¿A caso Timoteo y/o Epafrodito manifestaron la mente o las actitud de Cristo en alguna manera? ¿Cómo puedes saberlo? ¿Puedes observar si Pablo manifiesta esta actitud en el capítulo? Si es así ¿dónde?

∾ ¿Qué piensas sobre la relación de Filipenses 2:12-16 con lo que Pablo nos ha dicho hasta ahora en el capítulo 2? ¿Cómo puedes llegar a la medida de esto o no se debe?

∾ En el 2:17, ¿cómo crees que Pablo es derramado como libación? Detente y piensa en lo que has aprendido con respecto a sus circunstancias. ¿Por qué está allí?

∾ ¿Te ha hablado Dios esta semana? ¿Qué podría pasar en tu vida como resultado de los que has aprendido?

Pensamiento para la Semana

Cuando Dios nos dice a través de Pablo "ocúpense en su salvación con temor y temblor", la palabra ocúpense significa "completar o llevar a cabo". Dios nos está diciendo que debemos permitirle llevar a cabo la obra que está haciendo en nosotros. No debemos apagar o entristecer al Espíritu Santo.

La clave para complacer a Dios, para tener la mente de Cristo, es entregar nuestras vidas por Él, ceder nuestros supuestos privilegios y derechos, entregarlos y dejar que Dios haga lo que Él desee en nosotros. Como creyente, compartes todo lo que es de Dios con el Espíritu Santo, ésta es la comunión del Espíritu Santo. Has encontrado ánimo en Cristo y recibido el consuelo de su amor. Como Romanos 5 afirma: Dios ha derramado Su amor en nuestros corazones a través del Espíritu Santo, el cual nos fue dado. Has encontrado afecto por que eres amado por Dios. Has recibido compasión porque te has convertido en hijo de Dios.

Ya que todo esto es tuyo y ya que Dios ha trabajado en ti, deja que otros lo perciban. Sé del mismo sentir, conservando el mismo amor, unido en espíritu, dedicado a un mismo propósito: glorificar a Dios caminando de una manera digna del evangelio de nuestro Señor Jesucristo. Vive sin reproche. Muéstrale al mundo cómo es Jesucristo. Permite que la actitud de Cristo sea en ti. Cuando hagas esto, ¡verás que otros lo notarán! El mundo necesita este ejemplo. Dáselos.

DIVIDIDO ENTRE
AFERRARSE O
DEJARLO IR POR JESÚS

∾∾∾∾

¿Qué es lo que mas aprecias, lo más importante? ¿Cuáles son tus metas, tus pasiones, tus ambiciones? ¿Con qué te has identificado?

¿Estarías dispuesto a dejarlo por causa de Jesucristo y Su reino?

∾∾

PRIMER DÍA

¡Filipenses 3 es otro capítulo excelente! Léelo y marca las palabras clave en tu separador. Conforme lo vayas haciendo, piensa en lo que puedes aprender de cada una de estas palabras clave.

También marca cada referencia a *Jesucristo* y al *Espíritu de Dios* (cuando es el Espíritu Santo).

∾∾

SEGUNDO DÍA

Lee Filipenses 3 de nuevo y marca todas las referencias a los Filipenses. En este capítulo, ¿en quién esta enfocado, en los Filipenses o en Pablo? Si observas nuevos datos acerca de los Filipenses, agrégalos a tu lista.

~∞~

TERCER DÍA

Hoy escribe en tu cuaderno de notas todo lo que has aprendido acerca de Pablo en este capítulo. Haz esto leyendo otra vez Filipenses 3. Conforme lo vayas leyendo asegúrate de no pasar por alto cualquier referencia a Pablo cuando leíste este capítulo durante tu primera semana de estudio.

En los versículos 10 y 11 hay una pequeña lista de lo que Pablo deseaba; puedes hacer pequeñas listas directamente en el texto, simplemente colocando un número a un lado de cada cosa de tu lista, por ejemplo: Si deseas peder peso, [1] parquea lo más lejos de la entrada a la tienda, [2] no pares cuando tienes hambre, [3] solamente compra los artículos de tu lista, etc.

Cuando hayas terminado tu lista acerca de Pablo, dale un vistazo a todo lo que has aprendido acerca del corazón de Pablo hacia Dios, por Su Hijo, nuestro Señor Jesucristo, ¿Cómo te afecta esto a ti?

~∞~

CUARTO DÍA

Cuando iniciaste tu lista acerca de Pablo, ¿notaste otra palabra clave que se repite en este capítulo, *cosas*? Lee Filipenses 3 otra vez y marca la palabra *cosa(s)*[6] y cualquier pronombre utilizado en lugar de *cosas*.

A menos que lo desees, no es necesario que inicies una lista acerca de Jesucristo, ya que has aprendido mucho cuando hiciste la de Pablo. Simplemente observa lo que has aprendido acerca de Jesús de 3:20,21.

Ahora piensa en las cosas que son importantes para ti, es probable que desees registrarlas en tu cuaderno de notas. Cuando hayas terminado dales un vistazo. Pregúntale a Dios si cualquiera de estas "cosas" se interpone en ser como Dios desea que seas, o vivas de acuerdo a como que Dios desea que vivas.

✍

QUINTO DÍA

En Filipenses 3:9 Pablo dice que deseaba sabiduría la cual viene de Dios por medio de la fe. Fe es también mencionada en los primeros tres capítulos de Filipenses. Lee a través de estos tres capítulos y marca cada referencia a *fe*. Ya que la fe viene por el oír y el oír por la la Palabra de Cristo — Dios — es probable que desees marcarla de esta manera: **Fe** y colorearlo en verde. Te recordará de donde viene la fe.

Cuando hayas terminado, anota todo lo que has aprendido acerca de la *fe*. Luego piensa sobre qué quiere decirnos Pablo con "sabiduría... la cual es a través de la fe en Cristo" y "en base a la fe." También marca la palabra *resurrección* y sus pronombres, anota a su vez lo que puedas aprender sobre esta palabra.

✍

SEXTO DÍA

En Filipenses 3:17-19, Pablo alerta a los Filipenses de otros, a quienes se refiere como "muchos". Escribe en tu cuaderno de notas sobre la advertencia de Pablo a los Filipenses en 3:2,18,19. Nota cómo son descritos. (Si deseas agregar entendimiento acerca de la falsa circuncisión, lee Romanos 2:28,29).

Ahora, al ver el texto nota el versículo 17, a quién ellos tienen como ejemplo a seguir, cómo deben caminar.

Si tienes tiempo, busca los siguientes pasajes y escribe en tu cuaderno de notas lo que has podido observar en estos versículos y cómo son parecidos a Filipenses.

1. 1 Corintios 4:16
2. 1 Corintios 11:1
3. 1 Tesalonicenses 1:6,7 (Pablo escribió 1 Tesalonicenses)

Es algo sorprendente decirle esto a alguien, ¿verdad? ¿Podrías tú decir lo mismo a otra persona, "Sé un imitador de mí, como yo soy imitador de Jesucristo"? Toma un momento para evaluar lo que puede otro cristiano imitar de tu vida. ¿Podrías decirle a alguien que siga tu ejemplo, así como sigues el de Cristo?

Termina tu estudio hoy escribiendo el tema de Filipenses 3 en el cuadro de PANORAMA GENERAL DE FILIPENSES.

SÉPTIMO DÍA

Guarda en tu corazón: Filipenses 3:7,8 o Filipenses 3:14

Lee y Discute: Filipenses 3.

PREGUNTAS PARA LA DISCUSIÓN O ESTUDIO INDIVIDUAL

~ ¿Cuál es la mayor preocupación de Pablo en Filipenses 3? ¿Cómo se relaciona esto con ser el salvavidas y recordarles que se regocijen en el Señor? ¿Cómo se pueden regocijar, animar o enorgullecerse? ¿Cuál es la exhortación de Pablo en el final del capítulo 3?

~ Existe una verdadera o falsa circuncisión. En Jeremías 4:4, Dios reprende a Su pueblo por sus pecados, les dice "Circuncídense para el SEÑOR y quiten los prepucios de sus corazones..." Fueron circuncidados físicamente pero no espiritualmente. Después de observar Filipenses 3, ¿qué puedes resumir sobre la diferencia entre verdadera o falsa circuncisión?

∽ ¿Qué piensas que Pablo nos quiso decir cuando afirmó que él no ponía su confianza en la carne? De acuerdo con Filipenses 3:4-6, ¿qué poseía Pablo en relación a la carne? ¿De qué podía Pablo enorgullecerse o glorificarse si lo deseaba?

∽ ¿Qué tan importante era para Pablo conocer a Cristo? ¿En este pasaje crees que Pablo está hablando de la salvación o de conocer a Cristo con mayor profundidad, tanto como se pueda llegar a conocer? ¿Cuáles son tus razones para esta respuesta?

∽ Pablo dice que desea "llegar a la resurrección de los muertos" (3:11). Si "la resurrección de los muertos" significa convertirse en todo lo que puedas en Cristo, por qué has muerto con Él y resucitaste con Él para caminar en una nueva vida (como Romanos 6 dice), ¿qué piensas que Pablo quiere decirnos en este versículo?

∽ ¿Qué tuvo que hacer Pablo para atenerse a la resurrección de los muertos y alcanzar la meta y el premio del llamado de Dios en Cristo Jesús??

∽ Para obtener la misma meta ¿qué debes hacer? ¿Qué versículos en Filipenses 3 te dan instrucciones referente a esto?

∽ ¿Qué precio pagarás por obtener esta meta? ¿Estas dispuesto a pagar el precio? Piensa en esto o discute cómo Dios te habló a ti personalmente esta semana por medio de Filipenses 3.

Pensamiento para la Semana

¿Esperas al Salvador impacientemente, al Señor Jesucristo, quien transformará nuestro cuerpo en conformidad con el cuerpo de Su gloria? Su venida se convierte en preciosa para nosotros cuando la pasión de nuestras vidas es Cristo.

No fue sino por la sabiduría que viene por medio de la fe que Pablo contó todo como pérdida — considerándolas como una basura. No puso confianza en la carne, cual fuere la ganancia, para él era una pérdida. Su pasión debía ser identificada con Cristo, conocerle y conocer el poder de Su resurrección y la comunión con Sus sufrimientos... el conformarse con la muerte de Cristo. La cruz de Cristo no era enemiga de Pablo, sino su amiga.

Pablo se dio cuenta que aun no lo había alcanzado, pero aún así no miró hacia atrás, sino que olvidó aquellas cosas que quedaron atrás y siguió adelante hacia su meta, para obtener el premio del llamado de Jesucristo.

Aquí tenemos nuestro ejemplo, seguramente si seguimos a Pablo como nuestro ejemplo podremos decir "he peleado la buena batalla, he terminado la carrera, he guardado la fe, en el futuro me está reservada la corona de justicia..." (2 Timoteo 4:7,8). ¡Pablo alcanzó la justicia que tanto deseaba! Lo mismo puedes hacer tú, si cuentas todas las cosas como pérdida, como Pablo lo hizo. Valiente, sigue adelante.

¿En Dónde
Encuentras La Paz
y La Felicidad?

ෙ෬෬෬

¿Alguna vez te has encontrado que tu paz o tu seguridad está atada por las circunstancias de tu vida? ¿Vives en un constante estado de ansiedad? ¿Alguna vez te has preguntado si la paz y la abundancia llegarán? ¡O bien sino abundancia por lo menos paz! ¿Habrá alguna vez paz sin tener lo suficiente? Miremos qué nos dice Filipenses 4 hoy.

෬෬

Primer Día

Lee este maravilloso y práctico cuarto capítulo de Filipenses; marca cualquier referencia a los Filipenses y agrega cualquier nueva observación a tu lista.

෬෬

Segundo Día

Conforme leas Filipenses 4, en voz alta, marca todas las referencias al *Señor Jesucristo* y *oración* (*súplica*) como has marcado en el capítulo 1.

TERCER DÍA

Ahora observa cómo da inicio Filipenses 4, ¿por qué se encuentra allí el "por lo tanto"? *Por lo tanto* es un término de conclusión. Observa el versículo que le antecede y resume el mensaje que Pablo trata de presentar en el versículo 1.

Esta no es la primera vez que Pablo les exhorta a estar firmes y sostenerse con fuerza. Busca los siguientes versículos en Filipenses y haz una lista en tu Panorama General de Filipenses de lo que has aprendido de estos versículos en el marco de su contexto: Filipenses 1:27; 2:16 y 4:1.

Lee Filipenses 4:1-9 y haz una lista las instrucciones de Pablo a los Filipenses lo mas detallado que puedas, ya que encontrarás varias guías bastante prácticas para tu propia vida en estas instrucciones. Escribe las apreciaciones de estos párrafos en tu cuaderno de notas bajo el título INSTRUCCIONES DE PABLO A LOS FILIPENSES EN EL CAPÍTULO 4.

Observa cómo el 4:9 corresponde con lo que Pablo dice en Filipenses 3:17.

CUARTO DÍA

Lee Filipenses 4:10-12, marca la palabra *situación*[7] en una forma resaltada. Luego anota todo lo que has aprendido de las situaciones en tu lista sobre los Filipenses.

QUINTO DÍA

Lee Filipenses 4 y agrega cualquier nueva información acerca de Pablo a tu lista, cuando hayas terminado, revisa todo lo que has anotado, ya tienes bastante información acerca de Pablo sólo de esta epístola.

También anota todo lo que has aprendido acerca de Jesucristo en este capítulo; luego revisa tu lista acerca del Señor, colocando una estrella al lado de todas las cosas que sean más importantes para ti hoy. Toma unos minutos para agradecer a Dios por Jesús, por ser quien es, por lo que ha hecho y por lo que hará por ti.

SEXTO DÍA

¿Te encuentras tú o alguien a quien amas en circunstancias difíciles? ¿Qué puedes aprender y compartir con ellos acerca de Filipenses 4:10-19? Haz una lista y anótala en tu cuaderno de notas.

A través de este libro has marcado las siguientes palabras y sus sinónimos: *gozo*[8], *sentir*[9] *(actitud)*[10] y *evangelio*. Iniciaste una lista en tu cuaderno en la Segunda Semana, el Sexto Día para las palabras *gozo* y *evangelio*, agrega cualquier nueva apreciación que tengas sobre ellas de este capítulo. También completa una lista de todo lo que has observado sobre *sentir* o *actitud*. Estas listas te brindarán una visión general de la enseñanza de esta epístola sobre estas tres cosas. Puedes anotar tu lista bajo el capítulo 4 o en la sección de tu Panorama General.

Finalmente anota el tema principal de Filipenses 4 en tu PANORAMA GENERAL DE FILIPENSES, llena todos los espacios en blanco que puedas sobre este capítulo. Cuando hayas terminado, obsérvalo con cuidado, tienes un gran resumen del libro de Filipenses, una meta que has completado por ti mismo cuidadosamente, observando el texto.

Aunque hay mucho más por aprender de este libro simplemente estudiándolo más a fondo, te felicitamos querido estudiante por haber colocado los cimientos de la observación cuidadosa; a la vez te has familiarizado con el contenido general de esta "epístola del gozo".

Si tienes la *Biblia de Estudio Inductivo*, talvez quieras pasar todas estas observaciones a tu Biblia, también escribir el tema principal de cada capítulo al principio del texto de cada capítulo en el lugar apropiado en tu BEI.

✍

SÉPTIMO DÍA

Guarda en tu corazón: Filipenses 4:6,7 ó Filipenses 4;11,13.

Lee y discute: Filipenses 4.

PREGUNTAS PARA LA DISCUSIÓN O ESTUDIO INDIVIDUAL

∽ ¿Cuál es la enseñanza principal de Filipenses 4?

∽ Conforme Pablo termina su corta epístola, ¿qué has aprendido acerca de gozo y regocijo a través del libro de Filipenses? Revisa las listas que has hecho. ¿Cuáles son las últimas palabras de Pablo en el tema del capítulo 4? ¿Cuál fue su ejemplo? ¿Qué has aprendido que puedas aplicar a tu propia vida?

∽ ¿Qué has aprendido esta semana sobre la ansiedad? ¿Cómo debes tratarla? ¿Qué te sucederá si lo haces?

∽ ¿Qué has aprendido en este capítulo sobre tus pensamientos acerca de la vida? ¿En qué debe apoyarse tu mente? ¿Cómo crees que puedes lograr esto?

∽ ¿Qué has aprendido sobre las diferentes circunstancias en las cuales Pablo se encontró? ¿Qué aprendiste de ellas? ¿Cómo trató las adversidades y las circunstancias difíciles? Otra vez, ¿qué has aprendido para tu propia vida? ¿Será mas fácil decirlo que hacerlo? ¿Podría lograrse? ¿Cómo lo sabes?

ᴄᴠ ¿Qué has aprendido sobre dar en este capítulo? Sé lo más específico que puedas; considera cada punto en Filipenses 4:14-19. ¿Cuál es el contexto de la promesa en Filipenses 4:19? ¿Cómo puedes aplicarlo a tu vida?

ᴄᴠ Has marcado la palabra *mente* y *actitud* a través del libro de Filipenses. ¿Qué has aprendido al marcar estas palabras en el libro? Resume tus apreciaciones. ¿Cómo puede esta información ayudarte en una manera práctica?

ᴄᴠ También has marcado la palabra *evangelio*, revisa lo que has aprendido a través del libro. ¿A qué nos llama el evangelio? ¿A qué guía su proclamación? ¿Es siempre fácil? ¿Qué debemos hacer?

ᴄᴠ Finalmente, ¿qué fue lo que más fuerte te habló en tu estudio de Filipenses? ¿Qué fue lo que más cerca te llegó? ¿Qué fue lo que se quedó contigo a través de este estudio? ¿Qué es lo más difícil o más fácil para ti: hacer o creer? ¿Qué vas a hacer?

Pensamiento para la Semana

Paz, paz y plenitud, todos la deseamos, ¿pero podemos tenerla? ¿Paz?, Si. ¿Plenitud? ¡No! Filipenses 4 lo dice muy claro, que a pesar de las dificultades de la vida, podemos regocijarnos; de hecho se nos dice que nos regocijemos, ya que no depende de nuestras circunstancias, sino del Señor que está en control de las circunstancias de la vida.

Que bien lo demuestra Pablo en esta epístola a los Filipenses, una carta que se encuentra preservada en el libro de Dios, escrita para nuestra doctrina, represión, corrección e instrucción en sabiduría. La Biblia es un libro que nos ayuda a tratar cualquier situación de la vida. Como podemos observar en Filipenses 4, ya sea ansiedad o gran necesidad, la presencia de Dios y Sus promesas están allí, suficientes para lo que realmente necesitamos. Podemos hacer, soportar cualquier cosa a través de nuestro Señor Jesucristo quien nos fortalece.

Ahora podemos tomar lo que hemos aprendido, recibido, escuchado y visto por medio Pablo y practicarlo. Si lo hacemos, podemos estar seguros que el Dios de paz estará con nosotros.

Tema de Filipenses:

DIVISIÓN DE
SECCIONES:

EXHORTACIÓN A:	CRISTO ES:	EJEMPLO DE PABLO		TEMA DEL CAPÍTULO
	1:21 MI VIDA		1	
3:17 SEGUIR EL EJEMPLO DE PABLO			2	
			3	
	4:11 APRENDIÓ A CONTENTARSE EN SUS CIRCUNSTANCIAS		4	

Autor:

Transfondo Histórico:

Propósito:

Palabras Clave:

Colosenses

CONOCERLO A ÉL ES
CONOCER SU PODER

❧❧❧❧

Pablo estaba bajo arresto domiciliario en Roma. Las instalaciones no estaban mal, ¡pero había perdido su libertad! Un visitante llegó, un hombre que había conocido a Cristo después de haber escuchado a Pablo predicar acerca de un Salvador que había resucitado. "Qué bueno verte de nuevo, claro que te recuerdo, ¿de Éfeso verdad? ¿Cómo está tu caminar con el Señor?" ¿Empezaste una iglesia en Colosas? ¡Excelente! ¿Problemas? ¿Qué clase de problemas?

Después que Épafras explicó el problema que estaba destruyendo su congregación, Pablo mandó a llamar a su escritor y empezó a dictar una carta. Una corta carta a un pueblo comerciante insignificante. Pero era una carta poderosa con la impresión de Dios en ella. ¿Qué podemos aprender de la carta después de 2000 años? La Verdad.

QUE SEA LLENO DEL CONOCIMIENTO DE SU VOLUNTAD

PRIMER DÍA

Conforme des inicio a los estudios de cualquier libro de la Biblia, la cuidadosa observación del texto es la clave para una interpretación adecuada. Tu tarea para hoy es leer todo el libro de Colosenses. Al leer, observa de quién es la carta y para quién está escrita.

Cuando hayas terminado, haz una sección en tu cuaderno de notas titulada PANORAMA GENERAL DE COLOSENSES. Toma unos minutos y anota tus impresiones generales sobre esta carta, asegurándote de anotar quién escribió la carta y para quiénes fue escrita. Si aún no has leído la sección "¿Como Comenzar?" toma algunos minutos para hacerlo, ya que te explica el por qué necesitas un cuaderno de notas.

SEGUNDO DÍA

En un estudio Bíblico siempre buscarás primero lo más obvio; personajes, lugares y eventos son lo mas fáciles de encontrar. Lee Colosenses 1:1-25 y el capítulo 4. Marca todas las referencias al autor (autores) incluyendo los pronombres que se refieran a él tales como *yo, mi, mío,* o *nosotros,* en un color específico, como el azul. Cuando hayas terminado, inicia una lista en tu cuaderno acerca del autor. Escribe tus observaciones, anotando el capítulo y el versículo. Deja suficiente espacio para seguir agregando notas conforme continúes tu estudio.

Tercer Día

Hoy lee Colosenses 1:1-25 nuevamente y marca cada referencia a los destinatarios (*ustedes*), otra vez y usa otro color específico, como el rojo. En tu cuaderno anota lo que has aprendido acerca de los destinatarios (de la misma manera que lo hiciste el día de ayer con Pablo). Anota información acerca del autor y los destinatarios, te ayudará a entender mejor el propósito de la carta. Agregarás más información a esta lista a través de tu estudio.

Cuarto Día

Tu tarea para hoy es leer 1:1-25 nuevamente. Esta vez marca las referencias al *evangelio*, marca no sólo la palabra, sino también los sinónimos y pronombres que Pablo utiliza para referirse a él. Por ejemplo, podría ser *palabra de verdad*[1], o cualquier sinónimo como en los versículos 5 al 7. Inicia ahora tu separador para Colosenses anotando las palabras clave y los símbolos y colores que estás utilizando para identificarlos. Como te lo hemos sugerido en la sección "¿Cómo Empezar?", una tarjeta perforada de 3x5 te serviría. En tu cuaderno haz una lista de lo que has aprendido sobre el *evangelio*, anótala en tu separador también.

Quinto Día

¿Observaste quién fundó la iglesia en Colosas? Pablo nunca había estado en Colosas pero si en Éfeso. Fue probablemente entonces que Épafras escuchó a Pablo y se convirtió.

Hoy nos concentraremos en Colosenses 1:3-14. Primero lee el texto y marca cada referencia a *Dios Padre* (incluyendo los pronombres) y escribe en tu cuaderno de notas lo que has aprendido sobre Dios. Nosotros utilizamos un triángulo para marcar a Dios Padre y una cruz para marcar al Hijo. Luego lee a través de estos pasajes otra vez buscando y marcando las palabras *conocimiento*[2] (*sabiduría*) y oración (*orar, orando*). Márcalas de forma distinta y agrégalas a tu separador.

Sexto Día

Lee nuevamente Colosenses 1:3-14 y observa por qué está Pablo orando y por qué ora por ello. Anota en tu cuaderno lo que has aprendido sobre la oración y los resultados que vienen de sus oraciones. ¿Estás siendo lleno con el conocimiento de Su voluntad? Toma un poco de tiempo para ofrecer una oración al Padre por ti mismo y también por alguien más.

Séptimo Día

Guarda en tu corazón: Colosenses 1:9,10.
Lee y Discute: Colosenses 1.

Preguntas para la Discusión o Estudio Individual

∾ ¿Qué has aprendido al leer Colosenses?

∾ ¿Quién escribió esta carta? ¿Pablo, Timoteo o ambos? ¿Cómo confirma esto el uso de los pronombres en 1:23-29? ¿Cuál era la relación de Pablo con la iglesia de Colosas? ¿Había él estado allí alguna vez?

∽ ¿Quién llevó el evangelio a los Colosenses? ¿Había sido el evangelio efectivo en su vida?

∽ ¿Qué has aprendido acerca del evangelio al marcar las referencias a él?

∽ ¿Fue el evangelio efectivo en las vidas de los creyentes en Colosas? ¿Cómo? ¿Está el evangelio teniendo el mismo efecto que tuvo en la vida de los Colosenses en tu vida? ¿Debería?

∽ ¿Qué has aprendido acerca de Dios esta semana? De acuerdo con Colosenses 1:13,14, ¿qué ha hecho Dios por nosotros? ¿Cuál es la relación entre lo que has aprendido acerca de Dios y el evangelio?

∽ Has marcado las palabras *oración, orar* y *orando.* Discute lo que has aprendido sobre como ora Pablo en Colosenses 1:3-14. ¿Cuál es la razón por la cual ora por ellos? ¿Cuáles son los resultados de "sean llenos del conocimiento de Su voluntad en toda sabiduría y comprensión espiritual..."? ¿Estas siendo lleno? ¿Lo demuestran tus acciones?

∽ ¿Cómo te ministró el Espíritu Santo esta semana conforme fuiste aprendiendo sobre el evangelio y la oración? ¿Cuál sería una actitud que cambiarías por lo que has aprendido?

PENSAMIENTO PARA LA SEMANA

Como creyentes hemos sido liberados del dominio de la oscuridad al reino de la luz. La palabra "liberados" en griego* tiene la idea de atraer algo hacia a ti o rescatar algo. Mientras que nos encontrábamos bajo el poder y la autoridad de la oscuridad, perdidos e incapaces de diferenciar la verdad de la mentira, ¡Dios nos rescato, nos llamó hacia Él! ¿Qué tenemos en el nuevo reino de la luz? Tenemos la "redención", el perdón de pecados por medio de Jesucristo. La palabra griega para redención es también expresada por la palabra en español "emancipación." Hemos sido liberados de la esclavitud del pecado, nuestra deuda ha sido pagada. En Efesios 1:7 podemos ver que el precio de nuestra libertad fue la sangre del Cordero.

Información como ésta es demasiado importante como para mantenerla en secreto, así que Épafras fue a casa en Colosas y dijo a todos que tenía buenas noticias, el "evangelio".

Conforme hagas este estudio, nuestra oración por ti es que seas "lleno del conocimiento de Su voluntad en toda sabiduría y comprensión espiritual, para que andes como es digno del Señor", para poder complacerlo, ser fortalecido y crecer en el conocimiento de Dios. Te encuentras ya en camino por que estás en Su palabra, es aquí donde encontrarás el conocimiento de Su voluntad y obtendrás sabiduría y entendimiento espiritual. Así que conviértelo en tu meta, el caminar de manera digna del evangelio.

---

* En ocasiones observaremos la definición de palabras del griego, ya que el Nuevo Testamento fue escrito originalmente en griego koiné, algunas veces ayuda regresar al idioma griego para observar el significado de la palabra. Existen varias herramientas que te ayudan a hacer este tipo de búsqueda con más profundidad. Un excelente libro para ayudarte a entender como hacer estudios más a fondo es "Como estudiar tu Biblia" por Kay Arthur.

Que Pueda
Conocer la Verdad

ᘉᘉᘉᘉ

Si estás listo para conocer la verdad y para saber quién es Jesucristo, entonces ésta es tu semana.

ᘉᘉ

Primer Día

¿Has observado si Pablo nos da una razón por la cual escribió a los Colosenses? Algunas veces el autor presenta su propósito muy claramente. Lee Colosenses 1:1-25 y busca la razón por la cual Pablo escribió a los Colosenses. Puedes encontrarlo con solo observar su preocupación por ellos. ¿En qué peligro se encontraban? Averigua en qué clase de peligro se encontraban que provocó que Pablo escribiera esta carta. Anota tus observaciones sobre el propósito del autor en el cuadro del PANORAMA GENERAL DE COLOSENSES localizado en la página 97.

ᘉᘉ

Segundo Día

En Colosenses 2:4, Pablo menciona su preocupación por los Colosenses, que alguien los podía engañar con razonamientos persuasivos. La palabra *engañar* significa "engañar a través de falsos cálculos". Da la idea de un contador utilizando dos informes contables. Un razonamiento persuasivo en la cultura griega antigua era utilizado acerca de un argumento falso pero hermosamente redactado. A Pablo le preocupa que alguien con mucha elocuencia y muy perspicaz perjudicara a la iglesia manipulando la verdad, llevándolos a conclusiones, en otras palabras llevándolos a creer en una mentira.

¿De quién habló más Pablo en los versículos que hemos estudiado? Lee Colosenses 1 y marca cada referencia a Jesucristo, incluye los pronombres y los sinónimos que se refieran a Cristo como *Señor* o *Él*. Algunas veces es difícil decir si el texto se está refiriendo a Dios Padre o a Dios Hijo, pero no te preocupes, ya que si fuera vital para nosotros, el Espíritu Santo lo hubiera hecho simple. Haz lo mejor que puedas, el pasar por alto un pronombre no te afectará en tu relación con Dios de una u otra manera. No escribas lo que aprendas acerca de Jesús en tu cuaderno de notas, esto lo haremos mañana.

Léelo, no sólo le des un vistazo; un estudio bíblico es una experiencia que debes aprovechar.

Tercer Día

Hoy lee el capítulo 1, anotando en cada lugar que has marcado una referencia a *Jesucristo*. Escribe en tu cuaderno de notas lo que has aprendido acerca de Él. Siempre deja una lista para poder continuar anotando lo que aprendas acerca de Cristo.

¿Cuál es el enfoque de Pablo con referencia a Cristo en el capítulo 1? Observa tu lista para determinar el enfoque haciendo las seis preguntas básicas, ¿quién? ¿cómo? ¿cuándo? ¿dónde? y ¿por qué? sobre Cristo.

ᴄᴑᴑᴧᴑ

CUARTO DÍA

La lista que realizaste el día de ayer acerca de Jesucristo fue interesante, en ningún otro lugar en las Escrituras podemos observar tanto sobre nuestro Señor como en estos pocos versículos. Leamos el capítulo 1 nuevamente, esta vez enfoquémonos en los versículos 9 al 29; busca la palabra *todo* y márcala en forma resaltada. Lee otra vez y marca la palabra *conocimiento*[3] (*sabiduría*) como lo has hecho la semana pasada, (observa la página 51 al final del Quinto Día). Asegúrate de agregar ambas palabras a tu separador. Anota en tu cuaderno lo que esta palabra de cuatro letras *todo* pueda ayudarte a ver acerca de nuestro Señor.

ᴄᴑᴑᴧᴑ

QUINTO DÍA

Lee Colosenses 1:9-23 en voz alta; esto te ayudará a recordar lo que has leído. En el versículo 15, Pablo comienza en el centro de discusión de quién es Jesucristo.

Algunas veces ver otros pasajes de las Escrituras o hacer "referencias cruzadas" da un mejor entendimiento de lo que estás estudiando. Hoy leeremos Juan 1:1-5 y 14-18. Inicia una nueva lista en tu cuaderno de notas sobre lo que has aprendido acerca de Jesús al hacer las referencias cruzadas. (Observa que varias de estas referencias cruzadas están ya impresas en tu Biblia, puede ser que se encuentren en una columna o en alguna parte del margen. Están marcadas en el versículo con una pequeña letra al iniciar una frase. Varias de estas referencias son útiles, así que sería bueno que las anotes en el margen de tu Biblia junto al texto apropiado. Las referencias cruzadas son de mucha ayuda cuando no tienes tus notas contigo, ¡por ello, ten las referencias cruzadas en tu Biblia!). Iniciar otra lista te ayudará a tener tus observaciones acerca de Jesús en Colosenses, separadas de lo que has visto en otros pasajes.

Sexto Día

Algunas veces lo términos difíciles son explicados en el texto, pero podríamos olvidarlos si no leemos detenidamente el texto con atención. Lee Colosenses 1:15-23 en voz alta y busca cada referencia al *primogénito.* ¿Qué significa este término? ¿Lo explica el texto? Términos como "por esto" y "por ello" son conjunciones utilizadas para conectar o explicar pensamientos. Al razonar y pensar en el pasaje, observa cómo Pablo utiliza estas conjunciones en los versículos 16 y 18. ¿Qué te dicen acerca de Jesucristo? Entenderlo te ayudará a aislarte de sistemas de creencias falsas.

Séptimo Día

Guarda en tu Corazón: Colosenses 1:15,16.

Leer y Discute: Colosenses 1; Isaías 11:1,2; Juan 1:1-18.

Preguntas para la Discusión o Estudio Individual

- ¿Cuál fue la preocupación de Pablo que lo llevó a escribir esta carta?

- Cómo aborda esta preocupación? En otras palabras, ¿a quién menciona más en estos pasajes? ¿Por qué?

- ¿Qué has aprendido acerca de Jesucristo esta semana?

- ¿Cómo la palabra *todo* te ayudó a definir quién es Jesucristo?

ↁ ¿Qué has aprendido acerca de la palabra *conocimiento* (*sabiduría*) esta semana? Lee Isaías 11;1,2 y compárala con lo que has aprendido acerca de sabiduría y conocimiento en Colosenses.

ↁ Lee Juan 1:1-18, ¿Quién es Jesús? Compáralo con lo que has aprendido en Colosenses 1.

ↁ ¿Qué significa la frase *primogénito*? ¿Significará que Jesús es lo primero que Dios creo? Explica tus respuestas con las Escrituras.

ↁ ¿Acaso el Espíritu Santo ha animado tu corazón en alguna manera al observar quién era Dios y lo que Él ha hecho por ti como hijo de Dios?

Pensamiento para la Semana

La exhortación de Pablo a la iglesia de Colosas se encuentra en Colosenses 2:4 "Esto lo digo para que nadie los engañe con razonamientos persuasivos". Alguien, probablemente un falso profeta, pretendía convencer a los Colosenses a creer una mentira acerca de Jesucristo. La mentira más grande de todos los sistemas religiosos falsos ha sido la negación de la trinidad de Cristo o Su salvación. Muchas veces esta mentira es aún más peligrosa por el hecho de que los falsos profetas se encuentran dentro de las iglesias.

¿Estaremos inmunizados a este clase de problemas en nuestra cultura o también necesitamos las advertencias de Pablo en 2:4? ¿Habrán algunas personas en las iglesias de hoy cuyas enseñanzas acerca de Jesucristo no coinciden con lo que hemos aprendido en Su palabra durante esta semana? Tu única protección de creer en una mentira o ser persuadido por un razonamiento persuasivo, es saber la Verdad. ¿De quién habla más Pablo en este capítulo? ¿Quién es el Camino, la Verdad y la Vida?

La mejor manera de enfrentar un error es con una clara y positiva declaración de la Verdad. Pablo inicia en 1:15 presentado una clara enseñanza acerca de Jesucristo, la cual combate la mentira y las falsas enseñanzas. Lo primero que nos dice: "Él es la imagen del Dios invisible". La palabra griega para imagen es *eikon*. Era utilizada en la literatura griega clásica para describir el reflejo del sol en una piscina de agua; en otras palabras, Cristo es el reflejo de Dios para nosotros. En el pensamiento griego, la imagen comparte la realidad con lo que representa.* Cristo es el Hijo de Dios, Él es encarnado de Dios.

Jesús es también llamado "el primogénito de toda creación." Algunos desean que esta frase signifique que Jesús es lo primero que Dios creó. Su primer Hijo. Este pasaje no puede ser interpretado de esa manera. Los judíos llaman a Dios "el primogénito de toda creación" para indicar que Él creó todo. Pablo, siendo judío, simplemente está utilizando una frase para transmitir su punto, que Jesús es Dios. En las culturas antiguas la idea del primogénito implicaba un rango y una responsabilidad, más que el orden del nacimiento. En Éxodos 4:22 y Jeremías 31:9, Israel es llamado el primogénito de Dios, ¿acaso era Israel el primer grupo de personas o la primera nación en la tierra? No, existen varias naciones mucho mas antiguas, pero Israel tiene un lugar de prioridad en los planes de Dios. ¿Has notado la palabra *para* al inicio del versículo 16? Aquí Pablo define el uso de "primogénito" para aquellos que no estén familiarizados con el pensamiento judío.

¿Quién es Jesús? En relación con Dios, el es Su imagen, en relación con la creación, Él es el primogénito... el que se encuentra antes de todas las cosas. ¿Qué significa esto para ti?

---

*Cleon L. Rogers, Jr., Cleon L. Rogers III, *La Nueva Clave Exegética y Linguística del Griego del Nuevo Testamento*, (Grand Rapids, MI: Zondervan Publishing House, 1998), p. 461.

Que Me Pueda Reconciliar Con Él

∾∾∾∾

¿Cuál es la verdad en cuanto a tu papel en la salvación? ¿Qué tanto has hecho tú por Dios? ¿Qué tanto ha hecho Él por ti? ¿Estás listo para ver la verdad por ti mismo?

∾∾

Primer Día

Como repaso, lee Colosenses 1:9-23. Lee los versículos 15-20 nuevamente, pero esta vez observa cómo Pablo utiliza la frase *todas las cosas*. Ya has marcado la palabra *todo* en tus listas referentes a Cristo, pero talvez no has notado esta frase. ¿Qué esta diciendo Pablo de Cristo? ¿Cuál es la relación de Cristo con la creación? Observa el mundo que te rodea, ¿quién lo ha creado para que tú lo habites? ¿Le has agradecido a Dios últimamente por Su gran creación?

∾∾

Segundo Día

Hoy lee Colosenses 1:9-28, ¿lo estás leyendo en voz alta? Si no, trata. Compara lo que has aprendido en Colosenses acerca de Cristo con lo que puedes aprender en Efesios 1:18-23. ¿Es Cristo eterno? Anota en tu cuaderno lo que puedas aprender acerca de Cristo de estas referencias cruzadas.

Tercer Día

La repetición es importante para el proceso de aprendizaje, lee Colosenses 1:9-23 nuevamente y compara lo que has aprendido de Cristo en el versículo 18 con Efesios 5:23. ¿Quién es la cabeza de la iglesia? La cabeza es el que está en autoridad. Como miembros del cuerpo, la iglesia, debemos estar bajo la autoridad de Cristo. ¿Qué significa esta verdad para ti? Medítala y llévasela a Cristo en oración, proclamando tu comunión con la Cabeza de la Iglesia.

Cuarto Día

Tu tarea para hoy es leer Colosenses 1:19-23. En los versículos 15-18, Pablo parece indicar la pre-eminencia de Cristo sobre toda creación. En cambio en los versículos 19-23 hay un cambio en el enfoque. ¿Cuál es el enfoque que presenta Pablo en estos versículos? Durante la primera semana marcaste la palabra *ustedes* cuando hablaba de los destinatarios de la carta. ¿Qué puedes aprender sobre los destinatarios y de ti mismo en estos versículos?

Quinto Día

Otra vez, tu tarea para hoy es leer Colosenses 1:9-23, (sabemos que ya tienes estos versículos casi memorizados, pero no te detengas, ya que la repetición aumenta la retención). Anota en tu cuaderno lo que has aprendido en estos versículos sobre la salvación. Lee Romanos 6:23 y observa el castigo por nuestra hostilidad hacia Dios, luego lee Romanos 5:9,10 y descubre acerca de la reconciliación y cómo sucedió. Pasa más tiempo en oración este día, agradeciendo a Dios por la salvación que nos ha ofrecido a todos los creyentes.

SEXTO DÍA

Hoy identifica el tema del capítulo 1 y anótalo en tu PANORAMA GENERAL DE COLOSENSES localizado en la página 97. Para hacer esto, busca la idea principal del capítulo, ¿a quién o qué menciona más Pablo? Al observar las palabras clave que has marcado, ¿qué es lo que encontramos en el corazón del mensaje de Pablo en el capítulo 1? Resume el mensaje en una pequeña frase y anótalo en el espacio para este capítulo. Algunas personas titubean cuando se trata de hacer esta parte del estudio, por miedo a obtener la respuesta equivocada; Dios no se enojará por lo que escribes, Él esta emocionado que estás estudiando y te ama mucho. Así que adelante, piensa, ora y escribe lo que has visto.

SÉPTIMO DÍA

Guarda en tu corazón: Colosenses 1:28.
Lee y Discute: Colosenses 1, Efesios 1:8-22.

PREGUNTAS PARA LA DISCUSIÓN O ESTUDIO INDIVIDUAL

∾ Conforme marcaste la frase *todas las cosas* esta semana ¿qué te enseñó el Señor? ¿Cuál es la relación entre "todas las cosas" y Cristo?

∾ ¿Qué has aprendido sobre el papel de Cristo y la creación? De acuerdo con Colosenses 1:16, ¿qué es lo que Cristo ha creado? ¿Cómo impacta esta frase tu vida diaria?

ᨆ ¿Después de que Cristo creó todo, abandonó Su creación para que hiciera lo mejor que pudiera o aún se encuentra activamente involucrado? Apoya tus respuestas con los versículos que estudiaste esta semana.

ᨆ ¿Quién es la Cabeza de la Iglesia? ¿En el cuerpo humano que hace la cabeza? ¿Qué hay del cuerpo de la iglesia?

ᨆ ¿Qué nueva información acerca de Cristo has aprendido en Efesios 1:18-22?

ᨆ Si Cristo es el Creador, el Sustento y la Cabeza de la iglesia, ¿qué diferencia produce esto en tu vida? En otras palabras, ¿cuál es tu respuesta a esta verdad?

ᨆ ¿Qué has aprendido acerca de la salvación esta semana? ¿Cómo te describían antes de convertirte en un cristiano? ¿Te has visto alguna vez en esta descripción? ¿Qué ha hecho Dios por ti?

PENSAMIENTO PARA LA SEMANA

¿Te has visto alguna vez como un amigo de Dios? Dios reconcilia todas las cosas para Él a través de la sangre de la cruz de Cristo. *Reconciliar* significa "intercambiar la hostilidad por la amistad". Ya que Jesús derramó Su sangre para pagar el precio de nuestra hostilidad, Dios la cambio por amistad. ¿Eres amigo de Dios? ¿Has dejado caer tus armas y jurado lealtad al Rey? Jurar lealtad al Rey es colocarte bajo Su autoridad, para permitirle tomar las decisiones en tu vida. Este es un problema esencial, pero algunas veces pasado por alto en la salvación. Continuar caminando en hostilidad hacia Dios (pecado) y clamar ser Su amigo es absurdo. El propósito de la reconciliación es poder presentarnos ante Él santos, sin culpa ni reproche.

¿Qué papel jugamos al convertirnos en amigos de Dios? ¿Qué hicimos para demostrarle a Dios que éramos lo suficientemente buenos? Observa cuidadosamente tus anotaciones sobre la salvación y mirarás que todo es iniciado por Dios. Dios nos adecuó para poder compartir la herencia de los santos en la luz. Nos liberó de los dominios de la oscuridad. Nos transfirió hacia el reino de Su Hijo, nos dio redención, el perdón de pecados en Su Hijo. Fue Dios el que nos reconcilió.

Habiendo dicho todo esto, permítenos preguntarte, ¿estás reconciliado? No es un asunto de ir a la iglesia o ser miembro, existen varios miembros de iglesias locales que son "hostiles de mente" y "están alejados" de Cristo. ¿Estás reconciliado con Dios? ¿Posees una relación personal con Jesucristo? ¿Le has pedido a Dios alguna vez que te perdone por tu hostilidad hacia Él? Él te perdonará y te reconciliará con Él y serás como Él, a medida que Él te muestra cuánto te ama.

QUE PUEDA CONOCER
TODO LO QUE ÉL HA HECHO POR MÍ

ৡৢৡৢ

¿Te has dado cuenta que durante las últimas tres semanas has aprendido más acerca de Cristo de lo que otras personas alguna vez pensaron posible? Y ha sido sin la ayuda de un comentario. Lo has logrado por estar en la Palabra de Dios y viendo qué dice. Esta semana aprenderemos sobre el misterio más grande de Dios.

ৡৢ

PRIMER DÍA

Hoy vamos a ver los versículos 24-29 del capítulo 1. Comienza leyendo estos versículos y marca cada referencia hecha a la palabra *misterio*; cuando hayas terminado lee Colosenses 2:1-3 y 4:1-4. En tu cuaderno de notas empieza una lista de lo que has aprendido acerca del misterio. Ahora observa Efesios 1:9,10 y 3:3-10 y agrega a tu lista cualquier nueva información acerca del misterio. En la Biblia, un misterio es una verdad escondida hasta que es revelada por Dios. ¿Qué está revelando Dios a los Colosenses y a ti?

ৡৢ

SEGUNDO DÍA

¿Estás emocionado? Has aprendido bastante acerca de Jesucristo y hay tanto por ver aún. Lo emocionante es que estás viendo la verdad por ti mismo, directo en la Palabra de Dios.

Lee el capítulo 2 y marca cada referencia a *Cristo*, de la misma manera que lo has hecho en el capítulo 1. Cuando hayas terminado escribe en tu cuaderno de notas lo que has aprendido. Este no es concurso de lectura rápida, así que toma tu tiempo para disfrutar el texto.

TERCER DÍA

El énfasis del capítulo 1 es quién es Cristo y qué ha hecho. El propósito de Pablo es combatir las falsas enseñanzas), a los falsos profetas, los cuales son utilizados para convencer a las personas a creer una mentira (2:4). En lugar de concentrarse en la mentira, Pablo define la verdad concerniente a Cristo.

Algunas de la palabras que has buscado en el capítulo 1 han sido *conocimiento* y *sabiduría*. Hoy, busca las mismas palabras en el capítulo 2 y revisa tu separador para ver de qué manera las has marcado antes y márcalas igual. Lee el capítulo 2 buscando cada referencia a estas palabras. Anota en tu cuaderno lo que has aprendido acerca de sabiduría y conocimiento. ¿En quién encuentras verdadera sabiduría y conocimiento? ¿Qué da la apariencia de sabiduría en la religión hecha por uno mismo?

CUARTO DÍA

Hoy consideraremos otras dos palabras importantes en Colosenses 2. Ya hemos visto y marcado la palabra *todo* en el capítulo 1, mientras que *todo* nos dice mucho sobre nuestro Salvador Jesucristo, también nos indica verdades acerca de nosotros mismos. Lee el capítulo 2 y marca cada uso de *todo*. Notarás que cada uso de *todo* ya ha sido anotado en tu lista acerca de Cristo, excepto por uno. Toma un momento para meditar en las verdades que has visto. La segunda palabra que necesitas marcar es *fe*. Agrega *fe* a tu separador y luego lee el capítulo 2 y márcala en forma que resalte.

QUINTO DÍA

Lee Colosenses 2 otra vez, buscando todas las referencias que has marcado de Jesucristo. Generalmente, ¿qué es lo que Pablo nos está enseñando acerca de Cristo en el capítulo 2? Tu lista del capítulo 1 podría ser resumida como QUIÉN ES CRISTO Y QUÉ ES LO QUE ÉL HA HECHO POR TI. ¿Qué título le colocarías a tu cuaderno en la información que tienes de Cristo del capítulo 2?

Tu lista sobre Cristo se esta tornando mas significativa, ¿verdad? Si tienes tiempo, lee tu lista en voz alta y ora agradeciéndole a Dios por cada cosa que has aprendido acerca de nuestro sorprendente Salvador.

SEXTO DÍA

Hoy enfoquémonos en Colosenses 1:24-2:4. Ya has determinado el propósito de Pablo al escribir esta carta, en un panorama más amplio. Pablo nos está enseñando la solución al peligro de creer una mentira acerca de Cristo. Hay un emocionante pasaje de verdad en los versículo 2 y 3.

Pablo sufre por la iglesia en Colosas, ¿por qué? ¿Qué es lo que él pide de ellos? Lee estos versículos cuidadosamente y anota lo que Pablo desea de ellos. Es también lo que Dios desea de ti, acércate a Cristo.

SÉPTIMO DÍA

Guarda en tu corazón: Colosenses 1:26,27.
Lee y discute: Colosenses 2; Isaías 11:1-5 y 2 Pedro 1:3,4.

Preguntas para la Discusión o Estudio Individual

∾ ¿Por qué sintió Pablo la necesidad de escribir esta carta a la iglesia en Colosas? ¿Cuál era su preocupación?

∾ ¿Puedes pensar en algunos "razonamientos persuasivos a los que nos podamos enfrentar hoy?

∾ De acuerdo con lo que has estudiado esta semana, ¿cuál es tu protección ante el peligro de un "razonamiento persuasivo"?

∾ ¿En quién puedes encontrar sabiduría y conocimiento?

∾ Discute lo que has aprendido esta semana acerca de Jesucristo.

∾ ¿Cómo han profundizado las palabras *conocimiento, sabiduría* y *todo,* tu entendimiento acerca de Cristo?

∾ ¿Qué has aprendido sobre *misterio*? ¿Quién es el *misterio*? ¿Cuál es el *misterio*?

∾ Discute cómo has resumido lo que Pablo nos está diciendo acerca de Cristo.

Pensamiento para la Semana

El misterio de Dios es Cristo en ti, la esperanza de gloria. Conforme realizaste tu estudio esta semana, ¿te has dado cuenta que el Espíritu de Cristo vive en ti? Los santos del Antiguo Testamento no entendieron el misterio. En 1 Pedro 1:10-12, podemos ver que los profetas antiguos cuestionaron cuidadosamente y trataron de comprender lo que el Espíritu de Cristo dentro de ellos trataba de decirles.

El misterio con el cual luchaban te ha sido revelado, el Espíritu Santo de Dios vino a morar en ti en el momento de la salvación. ¡Puedes caminar en obediencia con la verdad porque el Espíritu de la verdad vive en ti! ¡Cristo en ti, la esperanza de gloria!

¿Por qué Pablo ha escogido discutir este misterio en esta carta a los Colosenses? Había falsos maestros tratando de negar la deidad de nuestro Señor, reduciéndolo a algo menor. Pablo confronta el error presentándoles la verdad, al presentarle a Jesús.

La única protección que tienes en contra de creer en una mentira es conocer la verdad. Conforme continúes estudiando y meditando en la Palabra de Dios, te estás protegiendo del error. Estás en la palabra ahora, no te detengas.

QUE PUEDA CONOCER TODO LO QUE ÉL HA PROVISTO PARA MÍ

ᕙᕗᕙᕗ

¿Acaso no deseas conocer todo lo que Dios ha hecho por ti? ¿No deseas ser todo lo que Él te ha llamado a ser? Si es así, entonces debes conocer la Verdad por ti mismo. Esta semana aprenderemos más sobre lo que tenemos en Él.

ᕙᕗ

PRIMER DÍA

Hoy lee Colosenses 2 y marca cada vez que los destinatarios son mencionados. Leíste y marcaste los primeros cinco versículos del capítulo 2 durante nuestra primera semana de estudio juntos. A pesar que ya has marcado esto, léelos otra vez, usando el mismo color y símbolo que utilizaste al marcar el capítulo 1. Cuando hayas terminado, haz una lista en tu cuaderno de notas de todo lo que has aprendido de los Colosenses en este capítulo.

ᕙᕗ

SEGUNDO DÍA

Pablo les da instrucciones a los Colosenses en el 2:6, lee 2:6,7 y nota cuál fue. Querrás empezar una lista en tu cuaderno titulada INSTRUCCIONES A LOS COLOSENSES.

Los falsos maestros estaban cambiando lo que los creyentes habían sido enseñados acerca de Cristo. ¿Cómo se relaciona esta instrucción a los creyentes con el problema? ¿Qué habían recibido los creyentes concerniendo a Cristo? ¿Qué camino debían seguir caminado para creer acerca de Cristo?

También querrás anotar en tu cuaderno de notas los cuatro términos que Pablo utiliza para describir nuestro caminar con el Señor.

Tercer Día

Hemos visto la preocupación de Pablo hacia los Colosenses en 2:4; se encuentran en peligro de ser persuadidos. En el capítulo 2 hay cuatro advertencias de peligro que enfrentaron al ser engañados por "razonamientos persuasivos". Una advertencia generalmente se escucha como una instrucción, pero lleva a la vez un sentido de urgencia y refleja un problema inmediato. Las advertencias tienen aplicación hoy en día y se nos presentan con las mismas situaciones. Las instrucciones de las cartas de Pablo son más generales, tales como: "Hijos sean obedientes a sus padres en todo". Ésta es una instrucción muy importante, pero no es tan urgente como la del versículo 2:4.

Lee el capítulo 2 y marca las otras advertencias, una es indirecta y en forma de pregunta, así que lee cuidadosamente. Sería bueno que escribas una A en rojo al margen de tu Biblia para marcarlas. Luego anota en una lista en tu cuaderno de notas estas advertencias.

Cuarto Día

Hoy lee Colosenses 2:8:15 para ubicarte dentro del contexto; nos concentraremos en la segunda advertencia que se encuentra en el versículo 8. Después de haber leído este párrafo, lee el versículo 8 otra vez. En griego, la frase "vanas sutilezas" describe una filosofía que podría tomarnos cautivos. Haz una lista en tu cuaderno de notas de las tres características de esta filosofía o sistema, (en otras palabras ¿es de acuerdo a qué dos cosas y no de acuerdo a que una cosa?).

QUINTO DÍA

Esto se vuelve emocionante, ¿verdad? Según tus observaciones de Colosenses 2:8. ¿por qué debemos cuidarnos de que nadie nos tome cautivos? Lee Colosenses 2:9-15 y razona la respuesta a esta pregunta, recuerda la palabra "para" en el versículo 9 es una conjunción y es utilizada para relacionar y explicar pensamientos.

SEXTO DÍA

Ya has anotado lo que aprendiste acerca de los destinatarios y lo que has aprendido de Jesucristo. Hoy podría parecer repetitivo, pero por favor, hazlo, será de bendición.

Lee Colosenses 2:8-15, busca *en Él* y *con Él*. Mira tu lista acerca de Cristo que recopilaste la semana pasada sobre este capítulo y anota lo que has aprendido en el orden que aparece en estos versículos. Agrega lo que has aprendido sobre la salvación a la lista de tu cuaderno de notas que iniciaste la Tercera Semana. Cuando hayas terminado toma un tiempo para meditar en la gracia que has recibido de Él.

SÉPTIMO DÍA

Guarda en tu corazón: Colosenses 2:9,10.
Lee y Discute: Colosenses 1:9-2:23.

PREGUNTAS PARA LA DISCUSIÓN O ESTUDIO INDIVIDUAL

๛ Conforme has estudiado acerca de los destinatarios de esta carta, ¿qué has aprendido sobre tu salvación?

๛ ¿Cuál es la primera instrucción que Pablo da a los Colosenses? ¿Cómo se relaciona con lo que has descubierto sobre la salvación?

๛ ¿Qué han recibido los destinatarios referente a Cristo y que deban de seguir en su caminar? ¿Tienen una doctrina sólida acerca de Cristo para su protección en contra de las falsas doctrinas? ¿Cuál es? ¿En dónde has encontrado esta doctrina en esta carta?

๛ ¿Qué has observado esta semana que pueda tomarlos cautivos? ¿Cómo se describe? ¿Podría esto sucedernos a nosotros o estamos fuera de ese peligro?

๛ ¿Qué es lo que te va a proteger de ser tomado cautivo? En otras palabras, de acuerdo con Colosenses 2:8-15, ¿qué tienes en Cristo?

๛ ¿Qué has observado esta semana que nunca habías visto antes? En otras palabras, ¿qué nueva verdad te ha enseñado el Espíritu Santo esta semana?

PENSAMIENTO PARA LA SEMANA

Colosenses nos dice que en Jesucristo has sido completado. ¿Has absorbido esto? ¿Has permitido que gire en tu mente como un ungüento medicinal? ¿Acaso la vida parece desalentadora? Relájate, en Él has sido completado. ¿Te ha dado Dios una tarea que estás seguro que no puedes realizar? Descansa, en Él has sido completado. Sea cual fuere la situación que venga, tienes los recursos espirituales que necesitas a través del Espíritu Santo que mora en ti.

La traducción de la palabra "completo" del versículo 10 es la forma verbal de "plenitud" en el versículo 9. Ya que Cristo es completamente Dios y completamente hombre y ya que estamos en Cristo, somos llenos. En otras palabras compartimos la plenitud de Cristo. Deja que esto refresque tu mente como una fresca ola de agua viva.

QUE PUEDA CONOCER SU LIBERTAD

⁓⁓⁓⁓

Fue por libertad que Cristo te libero. ¿Cuál es esta libertad? Este será nuestro enfoque de la semana.

⁓

PRIMER DÍA

Lee Colosenses 2:16-19. Como dijimos antes, cuando veas un "por lo tanto" en las Escrituras, siempre debes observar por qué se encuentra allí. Podemos ver en el versículo 16 que el "por lo tanto" allí se refiere al párrafo anterior. ¿Por qué no debemos permitir que nadie actúe como nuestro juez en referencia a nuestra comida o bebida? Este es el mismo concepto que es expresado en el versículo 8 del párrafo 2. El peligro es que alguien actúe como su juez cuando se trata de asuntos de filosofía, tradiciones del hombre o los elementales principios de este mundo. Lee Gálatas 3:1-14. ¿Caminarás por fe en libertad o por...?

⁓

SEGUNDO DÍA

Recuerda el propósito de la carta de Pablo es para prevenirles de creer en una mentira, también has visto esto en Colosenses 2:4. Para apartarlos del peligro, Pablo les habla constantemente sobre Jesús. Les da cuatro advertencias además de la primera en 2:4. Ya hemos observado en el 2:8. "Miren que nadie los haga cautivos por medio de su filosofía y vanas sutilezas".

Ahora que has podido ver la corriente de pensamiento, observaremos las advertencias más de cerca.

Hoy lee Colosenses 2:16-23 y luego haz una lista de las cinco cosas referentes a no permitir que nadie actúe como nuestro juez. Cuando hayas terminado, lee Hebreos 5:5-13 y 10:1; compara estos versículos con lo que ya has aprendido.

Tercer Día

Lee Colosenses 2:16-23 otra vez, ¡alguien quiere defraudarte de tu premio! Haz una lista en tu cuaderno de notas sobre la descripción de esta persona de los versículos 18 y 19. ¿Será que esto coincide con alguien que conoces o de quien has escuchado? ¿Están tomando posiciones de acuerdo a las visiones que han visto en lugar de la Palabra de Dios?

Cuarto Día

Hoy leeremos Colosenses 2:16-23 otra vez. En el versículo 19 podemos ver que aquellos que nos defraudan no se aferran a la Cabeza. Mira nuevamente Colosenses 1:18 para ver quién es la Cabeza y quién es el cuerpo. Haz una referencia cruzada con Efesios 1:22,23. ¿La autoridad de quién están ellos ignorando?

Quinto Día

Hoy lee Colosenses 2:20-3:5. *Sabiduría* es una palabra que ya has marcado. De acuerdo con este pasaje, ¿qué tiene la apariencia de sabiduría? Existe una simple lista en los versículos

20-23, escríbela en tu cuaderno de notas. Pregúntale a Dios si esto se aplica directamente a ti. Anota el tema del capítulo 2 en tu cuadro del PANORAMA GENERAL DE COLOSENSES.

❦

SEXTO DÍA

Lee Colosenses 2:20-23. ¿Parece esto de alguna manera como tu experiencia como cristiano? ¿Estás tratando de vivir bajo las reglas y normas de una religión hecha por uno mismo y aún batallando con la carne? ¿Estas luchando contra el deseo de hacer lo que sabes que no debes hacer? Es una batalla horrible, la conocemos. Pero hay buenas noticias, excelentes noticias, no tienes que vivir en derrota. Lee Colosenses 3:1-4 y luego lee Gálatas 5:1-6. ¿Cuál es la respuesta a los legalismos y a toda religión hecha por uno mismo?

❦

SÉPTIMO DÍA

Guarda en tu corazón: Colosenses 3:1-2.
Lee y Discute: Colosenses 2; Gálatas 5:1-6.

PREGUNTAS PARA LA DISCUSIÓN O ESTUDIO INDIVIDUAL

∾ "Por lo tanto", es un término de conclusión. Conforme leas Colosenses 2:16, ¿por qué está "por lo tanto" allí? ¿A qué conclusión está llevando Pablo a sus lectores?

∾ ¿Está alguien actuando como juez en algún área no vital para un cristiano? ¿Si es así en cuál es?

∾ ¿Por qué es malo estar bajo estas restricciones? ¿Cómo nos indica Pablo nuestra libertad de estas reglas?

◦ ¿Cuáles son las características del enemigo que nos mantiene en esclavitud con reglas y normas?

◦ ¿Qué has aprendido acerca de la Cabeza y el cuerpo esta semana?

◦ Discute la relación entre Gálatas 5 y Colosenses 2.

◦ ¿Cuál es la respuesta a una religión hecha por uno mismo y reglas impuestas por el hombre?

Pensamiento para la Semana

Si creemos en una mentira, nos sometemos a las normas de una religión legalista que busca controlarnos a través de una lista de reglas y normas. Sabemos que así no es como deseas vivir, nadie desea vivir en esclavitud cuando pueden vivir en libertad.

Mientras que todas las mentiras nos esclavizan, Pablo tienen en mente una mentira específica. Esta es que Jesucristo no es suficiente. La mentira nos dice que necesitamos a Jesús más las reglas u obras o... Pero la verdad es que en Él, somos completos y no hay nada más que agregar. Se nos ha dado la justicia de Cristo y es suficiente, descansa en esa libertad, relájate en Él.

Todas las religiones a excepción del cristianismo se enfocan en el hombre tratando de encontrar o tratando de ser Dios — Solo el cristianismo es Dios buscando al hombre. Todas las otras religiones son más que el hombre tratando de construir un camino que los lleve a la cima de la montaña para encontrar a Dios. Hay un camino, solo uno, pero no empieza abajo. Empezó en la cima, cuando Cristo bajo a la tierra. Todas las otras religiones enseñan que el hombre puede trabajar para ser mejor, el cristianismo hace al hombre nuevo para que sea mejor. Hemos visto la verdad de quién es Cristo, ahora vemos quiénes somos en Cristo. Él es todo lo que necesitamos.

QUE PUEDA CAMINAR DE UNA MANERA DIGNA

∾∾∾∾

¿Cuál es la diferencia entre estar en esclavitud bajo reglas y comportarme como un creyente? ¿Alguna vez has estado luchando por encontrar un balance para caminar como deberías? ¿Cuál es la verdad sobre vivir una vida cristiana? El estudio de esta semana te ayudará a entender esta verdad.

∾∾

PRIMER DÍA

Lee Colosenses 3 y marca cada referencia hecha a *Jesucristo*. Incluye la palabra *Señor* si se refiere a *Cristo*. Si crees que una referencia es hecha al Dios Padre, no la marques. Haz una lista en tu cuaderno de notas de lo que has aprendido.

El énfasis en Colosenses 1 es quién es Cristo y qué es lo que Él ha hecho. En el capítulo 2, el énfasis es quiénes somos en Él. ¿Cuál es el énfasis del capítulo 3 concerniente a Cristo y nuestra relación con Él? No olvides anotar tus observaciones en tu cuaderno.

Pablo inicia describiendo a Cristo en el capítulo 1 y termina su descripción en el capítulo 3. De tu lista acerca de Cristo escoge una descripción que resuma todo sobre lo que Pablo ha dicho acerca de nuestro Señor y Salvador. (Recuerda que la palabra *todo* es utilizada frecuentemente al describir a Cristo).

SEGUNDO DÍA

En el capítulo 3 Pablo se mueve de quién es Cristo y lo que tenemos en Él, a cómo debemos de vivir. Para vivir libres de la esclavitud de una interpretación religiosa creada por uno mismo y las reglas con victoria sobre la carne, debemos entender que somos completados en Cristo y no hay más que agregar. Tenemos todo lo que necesitamos para vivir tal y como somos: hijos de Dios.

Lee Colosenses 3:1-11, prestando atención a las frases "viejo hombre" y "nuevo hombre". Observa el contraste que Pablo presenta.

Algunas veces es de mucha ayuda observar cómo una frase es utilizada en otra parte de la Biblia. Lee Romanos 6:1-11 y Efesios 4:17-24 para familiarizarte con esta frase.

TERCER DÍA

Aprendiste ayer que nuestro "viejo hombre" fue crucificado con Cristo, él está muerto y nos hemos puesto al nuevo hombre; en otras palabras, hemos nacido de nuevo. Si el viejo hombre está muerto, entonces tiene sentido que no debemos comportarnos de la manera que el viejo hombre lo hacía.

Empieza un cuadro de comparación que te enseñe las características del viejo hombre y las del nuevo hombre. En tu cuaderno dibuja un cuadro de dos columnas como el que se ilustra en la siguiente página. Lee Colosenses 3:5-11 y haz una lista bajo "Viejo Hombre" con todas las cosas que debemos nosotros considerar como muertas o dejarlas a un lado.

Viejo Hombre	Nuevo Hombre

⚬∩⚬

CUARTO DÍA

Hoy lee Colosenses 3:10-17 y agrega a tu cuadro todas aquellas cosas que caracterizan al nuevo hombre. Cuando lo hayas terminado, léelo otra vez. Es una lista sencilla, ¡verdad! ¿Cómo es posible vivir así? ¿Qué sucedió en Colosenses 3:9,10? El viejo hombre fue removido y el nuevo hombre colocado.

⚬∩⚬

QUINTO DÍA

Observamos ayer la impresionante lista del comportamiento que caracteriza a los creyentes. Cómo los elegidos de Dios, escogidos, santos y amados, somos nuevas criaturas. Esta lista caracteriza el modelo de comportamiento del nuevo hombre.

Hoy lee Gálatas 5:19-23 y observa si hay alguna comparación con lo que ya has podido observar. Enumera en tu cuaderno de notas, tu cuadro del Viejo Hombre y el Nuevo Hombre, las características de la carne bajo el Viejo Hombre. Haz una lista bajo el Nuevo Hombre sobre el Fruto del Espíritu.

⚬∩⚬

SEXTO DÍA

¿Cómo puedo caminar en la realidad del nuevo hombre? ¿Cuál es la diferencia entre estar bajo normas legalistas como se nos señala en el capítulo 2 y el caminar de la manera que Pablo describe al nuevo hombre?

Lee Colosenses 3:10 cuidadosamente y considera la palabra "conocimiento". Haz una referencia cruzada de este pasaje con Colosenses 1:9 y 2:2,3. Pablo está indicando nuevamente lo que dijo en los versículos 1 y 2 de este capítulo. Debemos constantemente buscar la cosas de arriba, siempre poniendo nuestras mentes en ellas; en otras palabras, caminar constantemente en obediencia al Espíritu, debemos constantemente estudiar la Palabra de Dios, ya que en ella encontramos nuestro enfoque en Cristo. Es tan simple como acercarnos a Cristo y enfocarnos en Él.

Séptimo Día

Guarda en tu corazón: Colosenses 3:12.
Lee y Discute: Colosenses 3; Romanos 6;1-11; Gálatas 5; Efesios 4:17-24.

Preguntas para la Discusión o Estudio Individual

∾ ¿Qué has aprendido del capítulo 3 esta semana acerca de Cristo? ¿Qué exactamente ha hecho Jesús por nosotros? ¿Cómo resumirías lo que has aprendido en tu estudio de Colosenses acerca de Cristo? Discute las implicaciones de lo que has aprendido?

∾ Discute o piensa en cómo es posible vivir una vida cristiana. ¿Qué sucedió con el "viejo hombre"?

∾ Hiciste referencias cruzadas de "viejo hombre" y "nuevo hombre" en Romanos 6:11 y Efesios 4:17-24. Discute lo que el Espíritu Santo te enseñó al anotar en el cuadro las características de cada uno.

∾ ¿Que has aprendido al hacer las referencias cruzadas en Gálatas 5? ¿Cómo es la carne? ¿Cómo es el Espíritu? ¿Cuál es el mandamiento o la amonestación en este pasaje? ¿Cuál será el fruto de la obediencia? ¿Cómo será reconocido?

∾ ¿Qué significa el considerarse muerto a todas las cosas de este mundo? ¿Cómo es posible?

∾ ¿Ha cambiado tu comportamiento y tus creencias como resultado de lo que Dios te ha enseñado? Si es así, ¿cómo?

PENSAMIENTO PARA LA SEMANA

Jesús es todo y está en todo. ¿Qué más necesitas? Lo que fuere requerido tú lo puedes hacer, lo que fuere que necesites, tú lo tienes porque Jesús es todo y está en todo. No tienes que trabajar duro para que Dios te acepte si eres un verdadero hijo de Dios, un nuevo hombre o una nueva mujer, entonces estás completo en Cristo. Dios te ama y Él no está enojado contigo. Tú estás en Cristo y Él esta en ti.

La lista que has hecho esta semana del comportamiento apropiado del "Nuevo Hombre no es irrazonable. Por el contrario, es razonable y tal vez normal. Cuando diste tu vida a Cristo, cuando te convertiste en cristiano, Dios te unió con Cristo para que en esencia fueras crucificado con Él. El viejo hombre fue crucificado, lanzado fuera y alejado. El nuevo hombre, el cual está siendo renovado hacia un verdadero conocimiento de acuerdo con la imagen, de Aquel que lo creo, fue colocado. Continúa buscando las cosas de arriba cada día y serás más y más como Cristo.

En Colosenses 3:5 se nos dice que "consideremos los miembros de nuestro cuerpo terrenal como muertos a…" ¿Cómo te consideras a ti mismo muerto a las cosas de la carne? Lo haces por tu propia voluntad, le dices no al pecado, dejas a un lado al "viejo hombre" por tu propia voluntad. Como un acto de tu voluntad, mantienes tu mente en las cosas de arriba. Te has colocado al "nuevo hombre" quien esta siendo constantemente renovado a un verdadero conocimiento de acuerdo con la imagen de su Creador. Esta renovación es un proceso el cual es energizado por una constante exposición a la Palabra de Dios. Conforme te mantengas en Su palabra y continúes buscado las cosas de arriba, serás más y más como Cristo y menos como tú eras.

QUE PUEDA SER COMO ÉL

ର୍ଦ୍ଦର ର୍ଦ୍ଦର

Ahora ya sabemos la verdad acerca de Jesucristo y quienes somos en Él ¿Pero cómo funciona esto en casa? ¿Cómo debes relacionarte con los miembros de tu familia? ¿Cómo debes relacionarte en el lugar de trabajo? Esta semana aplicaremos la verdad del nuevo hombre que te has colocado.

PRIMER DÍA

Las relaciones familiares, en el trabajo, es donde todos observan si somos como decimos que somos.

Hoy lee colosenses 3:18-4:1. En tu cuaderno has un cuadro similar al que hiciste la semana pasada; éste necesita cinco columnas y el título para cada columna es "Esposas," "Esposos/Padres," "Hijos," "Esclavos" y "Amos"

Esposas	Esposos/ Padres	Hijos	Esclavos	Amos

Completarás este cuadro durante los siguientes días. Hoy haz una lista de las instrucciones que Pablo nos da para las relaciones familiares, las instrucciones a los padres

89

bajo el título "Esposos/Padres." Pide al Padre que revele tu corazón y las acciones referentes a estas instrucciones y permítele que obre un cambio en tu vida.

SEGUNDO DÍA

Dios tiene un corazón para las relaciones familiares apropiadas. Como pudimos observar ayer, Pablo desea que entendamos el corazón de Dios con respecto a estas relaciones. Hoy mira Efesios 5:22-6:4, un pasaje paralelo, para ver que más puedes aprender sobre cómo vivir dentro de una estructura familiar. Luego en el cuadro que iniciaste ayer, en tu cuaderno de notas, enumera las instrucciones que Pablo da aquí. Nuevamente pídele a Dios que te enseñe, conforme estudies, si existe algún área en la cual necesitas mejorar, ya que estas instrucciones te han sido dadas para que las sigas.

TERCER DÍA

¿Cómo tratamos nuestras relaciones fuera de nuestra familia inmediata? Lee Colosenses 3:22-4:1 y Efesios 6:5-9. Enumera las instrucciones de Pablo para los esclavos y los amos. Por supuesto, dentro de nuestra sociedad no existe la esclavitud, pero lo principios se aplican bien a la relación de empleado y jefe. ¿Cómo debemos responder a aquellos para quienes trabajamos y a aquellos que trabajan para nosotros? Compara lo que vemos aquí con Tito 2:9-14.

CUARTO DÍA

Pablo cierra esta parte práctica de su carta con unas instrucciones generales. Lee Colosenses 4:2-6 y haz una lista en tu cuaderno de notas sobre las instrucciones que da.

También nota la oración personal de Pablo. Iniciaste una lista sobre la oración cuando estudiaste el capítulo 1, agrégale la de hoy. Vimos por qué ora Pablo por los de Colosas y ahora vemos lo que Pablo desea que ellos oren por él.

¿Cómo sería una oración típica si las peticiones más importantes fueran que se abriera una puerta para compartir el evangelio? Nosotros oramos por nuestra salud, bienestar y felicidad. Pablo quería una puerta abierta para compartir el evangelio. ¡Qué diferencia en el enfoque!

Quinto Día

Si la iglesia de Jesucristo siguiera las amonestaciones de Colosenses 4:5,6, encontraríamos mucho más oportunidades de compartir el evangelio de lo que imaginamos. Cuando se trata de lidiar con las personas fuera de la iglesia, somos algunas veces nuestros peores enemigos. Lee Colosenses 4:5,6 y compara lo que aprendas allí con Efesios 5:15,16.

También lee Colosenses 4:7-18 y observa qué tan importantes son las personas para Pablo. Las personas son más importantes que cualquier cosa, excepto nuestra relación con Dios. Las personas son tan importantes para Jesús que Él murió por nosotros. ¿Son los individuos importantes para ti? Deberían serlo, invierte tiempo en alguien que Dios ha puesto en tu vida.

Sexto Día

Conforme termina este estudio, reflexiona en todo lo que has aprendido estas últimas ocho semanas. Hoy lee nuevamente la lista de lo que has aprendido acerca de Jesucristo en Colosenses. Luego toma un tiempo para meditar en lo que has aprendido sobre las instrucciones de Pablo.

Pasa el resto del tiempo en oración, agradeciendo a Dios por tan excelente Salvador y haciendo el compromiso de mantener tu mente en las cosas de arriba y no en las cosas terrenales.

SÉPTIMO DÍA

Guarda en tu corazón: Colosenses 4:5,6.
Lee y Discute: Colosenses 3:12-4:18.

PREGUNTAS PARA LA DISCUSIÓN O ESTUDIO INDIVIDUAL

- ¿Cuáles son las instrucciones para los hombres de la familia en Colosenses? ¿En Efesios? ¿Cómo puede el hombre amar a su mujer y no llegar a estar amargado contra ella? ¿Cuáles son algunas formas prácticas? ¿Cómo puede el hombre disciplinar a sus hijos sin sobrepasarse?

- ¿Cómo pueden las esposas vivir en la familia, a la luz de lo que has visto esta semana en Colosenses? ¿En Efesios?

- ¿Cuál es la responsabilidad de los hijos dentro de la estructura familiar? ¿Quién es el responsable de enseñarles estas responsabilidades? Si eres padre, comparte cómo haces esto, pueden aprender el uno del otro.

- ¿Qué te ha enseñado el Espíritu Santo conforme estudiaste estas instrucciones a la familia?

- ¿Cuál es tu respuesta para aquellos fuera de la familia?

- Como empleados, ¿cómo debemos responder a nuestro jefe? ¿Cuál es la diferencia entre el servicio externo y un corazón sincero? ¿Cómo debes responder a un jefe contradictorio y difícil? ¿Para quién trabajo en realidad? Entonces, ¿cómo debo trabajar?

∾ Como jefe, ¿cómo debo de tratar a aquellos que trabajan para mi? ¿Por qué?

∾ Discute en forma práctica las maneras de comportarte con sabiduría hacia los perdidos.

∾ Varias personas dicen que la religión es solamente un asunto personal. Entre Dios y yo únicamente. ¿Debe ser mi cristianismo personal o debe tener un efecto en aquellos que me rodean? ¿Cómo debe mi relación con Jesucristo afectar a aquellos que me rodean?

∾ ¿Cuál fue la oración de Pablo? ¿Cómo debe afectar mis peticiones de oración?¿Has orado de esta manera esta semana? ¿Qué te ha enseñado el Espíritu Santo?

PENSAMIENTO PARA LA SEMANA

¿Es todo lo que haces un reflejo del nombre de Jesús? En Colosenses 3:17, Pablo escribe "Y todo lo que hagan, de palabra o de hecho, háganlo todo en el nombre del Señor Jesús". ¿Están tus acciones reflejando quién eres? ¿Qué impresiones reflejan tus acciones sobre el reino de Dios?

Cuando hablamos de relaciones, el primer mandamiento de Pablo es a las esposas. Las esposas deben someterse a sus esposos. Hay tres cosas muy importantes en este versículo, pero algunas veces pasadas por alto. Primero, el tiempo del verbo en griego significa que la acción de la esposa es voluntaria; en otras palabras ella no está obligada a obedecer a un esposo exigente y dominante. Ella escoge ser sumisa por su relación personal con Jesucristo. Segundo, sus acciones son motivadas por el esposo quien ama a su esposa según el versículo 19. Y tercero, esta acción es "apropiada en el Señor" o adecuada en el esquema del cristianismo.

En la cultura a quien escribe Pablo, esta actitud eleva a las mujeres por encima de las normas de la sociedad. En la mayoría de culturas, la obediencia de la esposa no era un problema, ya que la mujer no tenía verdaderos derechos, por lo tanto no tenía opciones. Pablo le dio a la mujer responsabilidades para decidir lo que iba a hacer porque, en el Señor el hombre y la mujer son iguales. Esto es un asunto de autoridad, no de igualdad. Cada institución debe tener una cabeza y el hogar no es la excepción. Esposas, oren a través de este estudio y busquen el rostro de Dios. Sabemos que para muchos esta puede parecer una enseñanza difícil, pero si escoges obedecer a Dios, Él proveerá gracia para hacer lo que Él nos ha llamado a hacer. Esposos, estar bajo la autoridad del esposo es asunto de tu esposa con Dios.

Pablo demanda del esposo tratar a su esposa con un amor sacrificial y no amor autosatisfaciente. El esposo no debe ser áspero con su esposa. La palabra "áspero" también puede traducirse "severo." ¿Esposos, son severos con sus esposas? ¿La tratan con gentileza, como a una delicada flor que necesita cuidado? ¿Es tu tono de voz duro y fuerte cuando interrumpe lo que estás haciendo o viendo? ¿Es tu amor por ella sacrificial? ¿Sacrificarías el deporte, un pasatiempo o algo de interés por estar con ella?

Padres, probablemente deberíamos incluir a ambos, se les ordena no exasperar a sus hijos, La idea es no disciplinarlos de tal forma que sus hijos se desalienten. La disciplina apropiada es esencial y un elemento escaso en la paternidad de hoy. Pero cuando debemos disciplinar a nuestros hijos. ¡Debemos recordar que no fue diseñado por Dios el quebrantar sus espíritus!

Pablo cuidaba a las personas, Dios ama a las personas, Jesús murió por las personas. Debemos tratar a las personas con gentileza, por que estamos tratando con alguien que Dios valora grandemente. ¿Ves a las personas como individuos importantes? Jesús resume los mandamientos en solo dos, ¿los recuerdas? Amarás al Señor tu Dios... Amarás a tu hermano como a ti mismo.

Ésta ha sido nuestra meta para este estudio. Primero, que tú puedas llegar a conocer a Dios mejor y por lo tanto amarlo más y segundo, ser obediente con lo que el Espíritu Santo te ha enseñado, que ames a tu prójimo como a ti mismo. Este ha sido un gran estudio, que Dios te bendiga y te de hambre por Su palabra. Que camines de una manera digna con el Señor.

Panorama General de Colosenses

Tema de Colosenses:

División por
Secciones

	Tema por Capítulos	Autor:
	1	
		Trasfondo Histórico:
	2	Propósito:
		Palabras clave:
	3	
	4	

Notas

ᧁ ᧁ ᧁ ᧁ

FILIPENSES

1   NVI: alegría

2   RV: sintáis
    NVI: mismo parecer

3   RV: sentir

4   NVI: preso

5   RV: ruego
    NVI: ruego

6   RV: todo
    NVI: todo

7   RV: con lo que tengo

8   NVI: alegría

9   RV: sintáis

10 RV: sentir

COLOSENSES

1   RV: palabra verdadera

2   NVI: haga conocer

3   NVI: haga conocer

Notas para el Estudio Personal

❧❧❧❧

Notas para el Estudio Personal

Notas para el Estudio Personal

Notas para el Estudio Personal

Notas para el Estudio Personal

Notas para el Estudio Personal

❧❧❧❧

Notas para el Estudio Personal

Notas para el Estudio Personal

～～～～

ACERCA DE MINISTERIOS PRECEPTO INTERNACIONAL

Ministerios Precepto Internacional fue levantado por Dios para el solo propósito de establecer a las personas en la Palabra de Dios para producir reverencia a Él. Sirve como un brazo de la iglesia sin ser parte de una denominación. Dios ha permitido a Precepto alcanzar más allá de las líneas denominacionales sin comprometer las verdades de Su Palabra inerrante. Nosotros creemos que cada palabra de la Biblia fue inspirada y dada al hombre como todo lo que necesita para alcanzar la madurez y estar completamente equipado para toda buena obra de la vida. Este ministerio no busca imponer sus doctrinas en los demás, sino dirigir a las personas al Maestro mismo, Quien guía y lidera mediante Su Espíritu a la verdad a través de un estudio sistemático de Su Palabra. El ministerio produce una variedad de estudios bíblicos e imparte conferencias y Talleres Intensivos de entrenamiento diseñados para establecer a los asistentes en la Palabra a través del Estudio Bíblico Inductivo.

Jack Arthur y su esposa, Kay, fundaron Ministerios Precepto en 1970. Kay y el equipo de escritores del ministerio producen estudios **Precepto sobre Precepto,** Estudios **In & Out**, estudios de la **serie Señor**, estudios de la **Nueva serie de Estudio Inductivo**, estudios **40 Minutos** y **Estudio Inductivo de la Biblia Descubre por ti mismo para niños.** A partir de años de estudio diligente y experiencia enseñando, Kay y el equipo han desarrollado estos cursos inductivos únicos que son utilizados en cerca de 185 países en 70 idiomas.

MOVILIZANDO

Estamos movilizando un grupo de creyentes que "manejan bien la Palabra de Dios" y quieren utilizar sus dones espirituales y talentos para alcanzar 10 millones más de personas con el estudio bíblico inductivo. Si compartes nuestra pasión por establecer a las personas en la Palabra de Dios, te invitamos a leer más. Visita **www.precept.org/Mobilize** para más información detallada.

RESPONDIENDO AL LLAMADO

Ahora que has estudiado y considerado en oración las escrituras, ¿hay algo nuevo que debas creer o hacer, o te movió a hacer algún cambio en tu vida? Es una de las muchas cosas maravillosas y sobrenaturales que resultan de estar en Su Palabra – Dios nos habla.

En Ministerios Precepto Internacional, creemos que hemos escuchado a Dios hablar acerca de nuestro rol en la Gran Comisión. Él nos ha dicho en Su Palabra que hagamos discípulos enseñando a las personas cómo estudiar Su Palabra. Planeamos alcanzar 10 millones más de personas con el Estudio Bíblico Inductivo.

Si compartes nuestra pasión por establecer a las personas en la Palabra de Dios, ¡te invitamos a que te unas a nosotros! ¿Considerarías en oración aportar mensualmente al ministerio? Si ofrendas en línea en **www.precept.org/ATC**, ahorramos gastos administrativos para que tus dólares alcancen a más gente. Si aportas mensualmente como una ofrenda mensual, menos dólares van a gastos administrativos y más van al ministerio.

Por favor ora acerca de cómo el Señor te podría guiar a responder el llamado.

COMPRA CON PROPÓSITO

Cuando compras libros, estudios, audio y video, por favor cómpralos de Ministerios Precepto a través de nuestra tienda en línea (**http://store.precept.org/**) o en la oficina de Precepto en tu país. Sabemos que podrías encontrar algunos de estos materiales a menor precio en tiendas con fines de lucro, pero cuando compras a través de nosotros, las ganancias apoyan el trabajo que hacemos:

• Desarrollar más estudios bíblicos inductivos
• Traducir más estudios en otros idiomas
• Apoyar los esfuerzos en 185 países
• Alcanzar millones diariamente a través de la radio y televisión
• Entrenar pastores y líderes de estudios bíblicos alrededor del mundo
• Desarrollar estudios inductivos para niños para comenzar su viaje con Dios
• Equipar a las personas de todas las edades con las habilidades del estudio bíblico inductivo que transforma vidas.

Cuando compras en Precepto, ¡ayudas a establecer a las personas en la Palabra de Dios!

www.ingramcontent.com/pod-product-compliance
Lightning Source LLC
Chambersburg PA
CBHW071613040426
42452CB00008B/1330